書く、唱える、聴く

般若心経 手習い帖

カラダで感じられる仏教の心

高野山真言宗功徳院住職
松島龍戒 著
和田康子 書

CD付き

「感謝」「平静」「幸福」「瞑想」「癒し」5バージョンを収録

池田書店

はじめに

人はみな、それぞれの悩み苦しみ悲しみと向き合いながら、毎日を過ごしています。

二五〇〇年前、お釈迦《しゃか》さまは、そんな私たちの毎日の「苦」を少しでも和らげ、幸せに過ごしてほしいと願い、生涯教えをお説きになりました。これをまとめたものが「お経」で、そのありがたさゆえに、時代や国を超えて大切に語り継がれてきました。

なかでも絶大な人気を誇るお経が『般若心経《はんにゃしんぎょう》』です。きっと多くの方が名前を聞いたことがあるでしょう。

『般若心経』は老若男女、場面、目的、宗派を問わず、オールマイティに用いられています。その理由としては、わずか二七二文字ひとつひとつに、私たちのもつ千人千通りの悩みや願いをすべて受け入れてくれる力があること、そしてなにより、このお経を大切に思う人は誰でも大きなご利益を得られることがあげられます。

本書は、そんな『般若心経』をどなたにでも理解していただけるよう、できるだけ「わかりやすく」を心がけて解説しています。最大の特徴は書く・唱える・聴く、さまざまな方法で『般若心経』にアプローチできることです。

付属CDは筆者の唱和《しょうわ》による『般若心経』を六つ収録しています。通常の唱え方【CD1】と練習用の【CD2】で『般若心経』に慣れ親しんでいただき、平静【CD3】と幸福【CD4】で応用編を、さらに瞑想【CD5】と癒し【CD6】では音楽付きの独特のアレンジで読経を楽しんでいただけると存じます。

これらは、ありがたいお経をお寺や仏事の場だけに閉じ込めてしまわず、もっと身近なものにしていただけるよう、筆者が取り組んでいる活動の一端でもあります。

写経《しゃきょう》は、書家の和田康子先生にお手本を書いていただきました。美しいお手本を見ながら『般若心経』を書き写していると、心が洗われ、落ち着いてくるでしょう。

文字の理解だけでなく、五感を使って『般若心経』を楽しく学び、感じていただく。さらに、それが仏教に深く親しむきっかけとなり、皆様の日常生活がよりよいものになるとすれば、これ以上の喜びはありません。

末筆ながら、本書の執筆にあたり、わずかな時間ですが高野山《こうやさん》の宮島《みやじま》基行《きぎょう》阿闍梨《あじゃり》にご指導いただくことができたご縁を、心より感謝申し上げます。

松島龍戒　合掌

CD付き

書く、唱える、聴く　般若心経手習い帖

目次

【主な参考文献】

『般若心経 金剛般若経』中村元 紀野一義訳注（岩波書店）
『お経の話』渡辺照宏著（岩波書店）
『あなただけの般若心経』中村元監修 阿部慈園著（小学館）
『般若心経絵本』諸橋精光著（小学館）
『般若心経 テクスト・思想・文化』渡辺章悟著（大法輪閣）
『「般若心経」成立史論―大乗仏教と密教の交差路』原田和宗著（大蔵出版）
『般若心経の真実』佐保田鶴治著（人文書院）
『訳注 般若心経秘鍵』松長有慶著（春秋社）
『チベットの般若心経』ゲシェー・ソナム・ギャルツェン・ゴンタ、クンチョック・シタル、斎藤保高著（春秋社）
『般若心経秘鍵/吽字義（傍訳弘法大師空海）』宮坂宥勝編著（四季社）
『般若心経入門　276文字が語る人生の知恵』松原泰道著（祥伝社）
『真言宗在家勤行講義』坂田光全著（東邦出版）
『CD付き 史上最強　図解 般若心経入門』頼富本宏著・編集 那須真裕美著 下泉全暁著（ナツメ社）

本書は書く・唱える・聴く、さまざまな方法で『般若心経』にアプローチしていただく入門書です。
もっとも有名なお経のひとつである『般若心経』に慣れ親しんでいただくため、
いろいろな工夫を盛り込みました。このページを参考にして読み進めていってください。

第2章　付属CDを使って、『般若心経』を聴く章です。

どんなときに聴けばいいのか、どんな効果が期待できるのかを示しています。

付属CDに収録されている『般若心経』を1トラックずつ紹介しています。

その読経の概要を紹介しています。

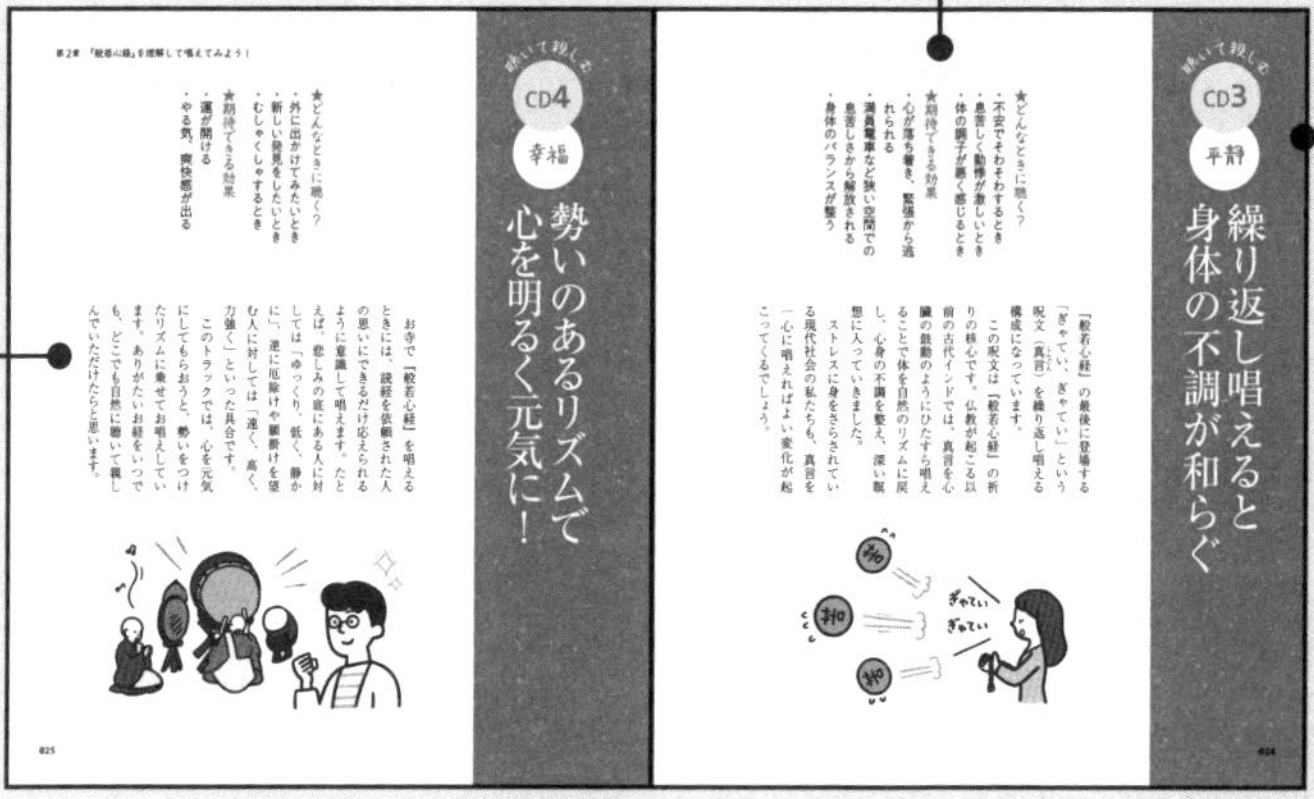

第3章　『般若心経』の理解を深め、実際に唱えてみる章です。

その段落の言葉です。読み方は高野山に伝わる伝統的な読み方を基本にしています。

その段落の言葉を、現代語に意訳しています。

その段落でなにを説こうとしているのかを、わかりやすくまとめました。

『般若心経』の全体を10の段落に分け、1段ずつ解説していきます。

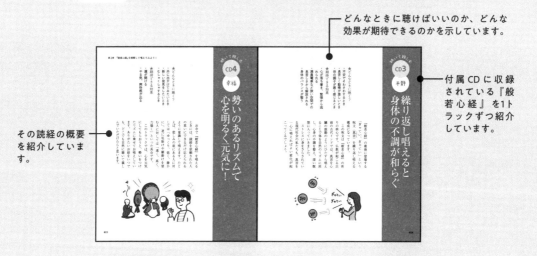

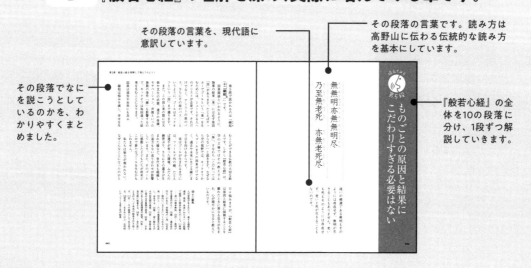

本書の見方

第4章　『般若心経』の写経を行なう章です。

松島龍戒住職による、短いけれどもためになるお話を掲載しています。

その部分を現代語に訳しています。

書家の和田康子先生に書いていただいた美しいお手本にならって写経しましょう。最初は薄墨文字をなぞって練習し、そのあとお手本を真似して自分で書いてみるといいでしょう。

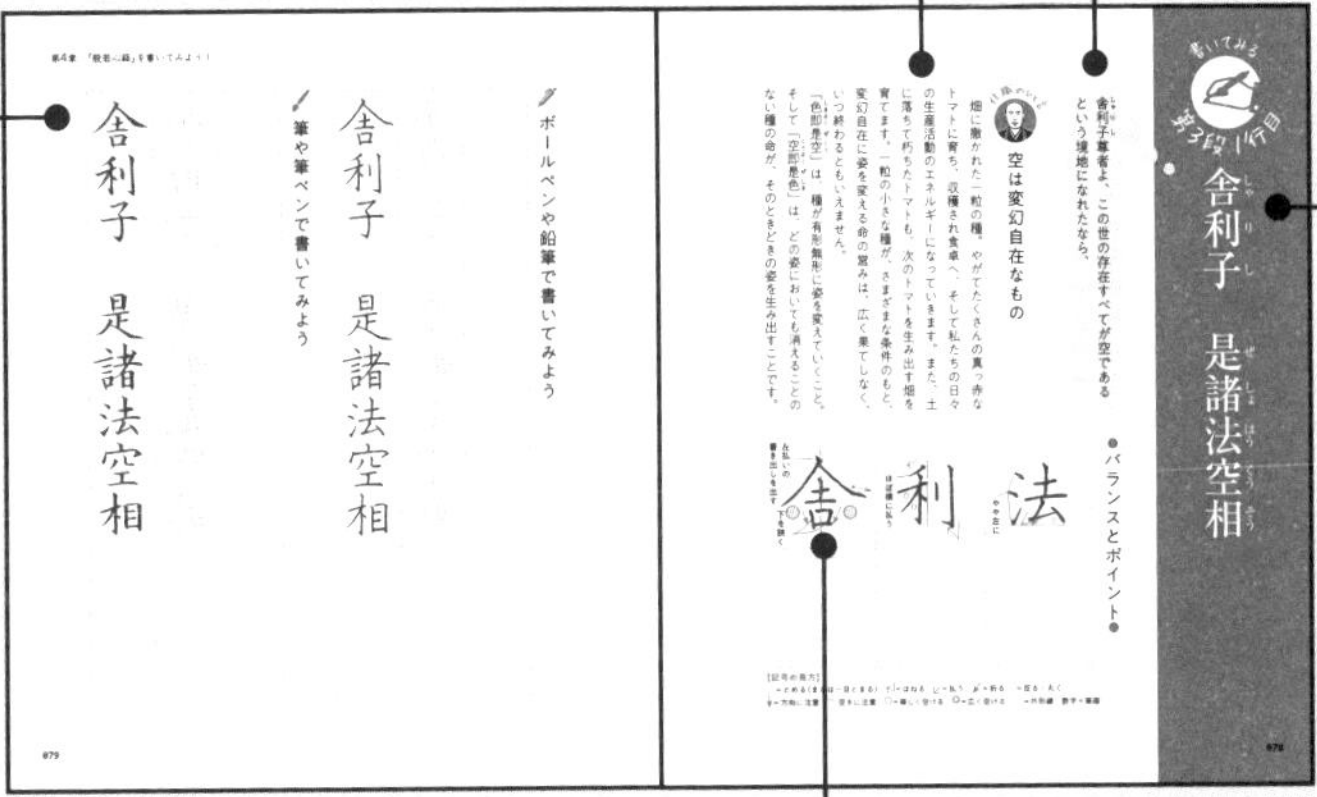

『般若心経』の全体を31節に分けました。少しずつ進めていきましょう。

写経の際に注意したい文字を3文字ずつ選び、和田先生にそれぞれの字のバランスとポイントをご指導いただきました。これを踏まえた上で、左ページに進むのがおすすめです。

CDメニュー

付録CDには、功徳院の松島龍戒住職による『般若心経』が収録してあります。本書の第2章の解説文とともにお聴きください。また、第3章で読経を行なう際にもお役立てください。

CD1→基本形　**CD2→練習用**
CD3→平静　**CD4→幸福**
CD5→瞑想　**CD6→癒し**

唱和・作曲・編曲・演奏　松島龍戒

折り込み経典

巻頭の折り込みには、『般若心経』の全文を記しています。切り取って持ち運べば、いつでもどこでも『般若心経』の写経ができます。

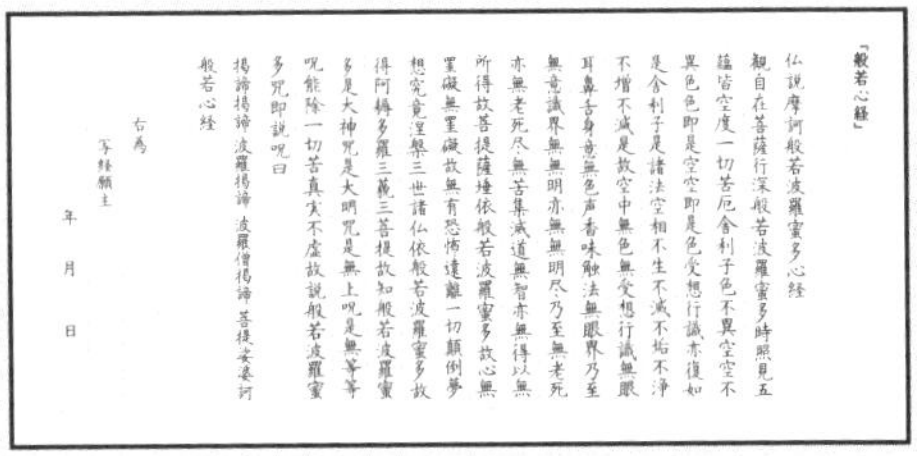

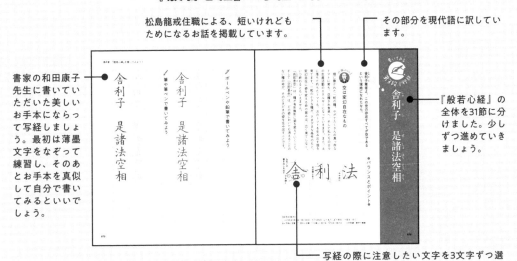

第1章

『般若心経』を学ぼう！

『般若心経』は古今東西、
老若男女に絶大な人気を誇ってきました。
多くの宗派で共通して唱えられる
お経でもあるので
ご存じの方も多いでしょう。
それでは『般若心経』には
なにが書かれているのでしょう？
いや、それ以前にお経とは
一体なんなのでしょう？
初めて『般若心経』に
触れる方のためにも、
まずはお経のイロハから始めましょう！

まずはキソから

基本①

お経に関するQ&A

Q1 そもそも、お経ってなに？

A お釈迦さまの教えをまとめたものです。

お経は仏教の開祖であるブッダ、つまりお釈《しゃ》迦《か》さまの教えをまとめたものです。

今から二五〇〇年ほど前、北インドに生まれたお釈迦さまは、自らの悩みを解決し、人々を苦しみから救いたいと決意。二十九歳で出家《しゅっけ》し、厳しい修行を重ね、三十五歳のときに悟《さと》りを得ます。そして八十歳でこの世を去るまで教えを説かれ続けました。

その後、お釈迦さまの教えは、お弟子たちによって口から口へと伝承されていきました。しかし、語り継がれていくうちに内容が変化してしまうことを危惧《きぐ》したお弟子たちは、教えをまとめることにします。こうして生まれたのがお経です。

Q2 お経にはなにが書かれているの？

A 人のあり方や生き方の指針などです。

お経は、現代ではお葬式やご法事のときにお坊さんが唱えてくれるものというイメージを強くもたれています。

しかし本当は、死者を供養するためだけに唱えられるわけではありません。

世の中にはさまざまな理由で悩み、苦しんでいる人が大勢います。お経に書かれているのは、そうした人々に対する人としてのあり方や生き方の指針です。

この世に人として受けた生を、どのようにまっとうするか、すばらしい人生を送るにはどうすればいいのか——それがお経に示されているのです。

したがって、お経は死者に向けて読まれるだけでなく、生きているうちにこそ、読まれる意味があるといえるでしょう。

Q3 お経にはどんなものがあるの？

A 『般若経』『法華経』『大日経』『阿弥陀経』など三〇〇〇ものお経があります。

キリスト教では『聖書』、イスラム教では『コーラン』が唯一の聖典とされています。それに対して仏教では、仏弟子としての約束事や禁止事項を記したもの、教えの注釈書などを含めると、なんと三〇〇〇ものお経が存在するといわれています。

『阿含経《あごんきょう》』に始まり、『般若経《はんにゃきょう》』、『法華経《ほけきょう》』、『阿弥陀経《あみだきょう》』、『大日経《だいにちきょう》』など、時代が進むにつれて多数のお経が生まれました。また、仏教には宗派がいくつもあり、各宗派の偉いお坊さんが説示したものもお経とみなされたため、お経の数はどんどん増えていきました。

世の中にはさまざまな人がいて、悟りの世界に至る道（教え）もさまざまです。それゆえ、多様な教えを示したたくさんのお経が生まれたのです。

まずはキソから

基本②

『般若心経』に関するQ&A

Q1 『般若心経』はどんなお経なの？

A お釈迦さまの教えのエッセンスを凝縮したありがたいお経です。

お釈迦さまの教えを記した数あるお経のなかに、『大般若経《だいはんにゃきょう》』というものがあります。正式には『大般若波羅蜜多経《だいはんにゃはらみたきょう》』といい、仏教の基本的な教えがまとめられた、全部で六〇〇巻にもなる膨大なお経です。

いつ、どこで、誰によってつくられたのかはわかっていませんが、紀元一世紀頃から個々に書かれたお経がまとめられて成立したという説が有力視されています。

その『大般若経』を、わずか二七六字（お経

のタイトル部分を数えない場合は二六二字）に凝縮したのが『般若心経《はんにゃしんぎょう》』です。

　つまり『般若心経』は、お釈迦さまの教えのエッセンスがギュ～ッと詰まった、純度一二〇パーセントのお経といえるでしょう。

　紀元前後、仏教がインドから中国に伝わると『般若心経』も中国に伝わり、サンスクリット語（梵語《ぼんご》）から漢字に翻訳されました。

『般若心経』が日本に伝わったのは、六世紀の仏教伝来から一〇〇年ほどのちの七世紀頃と考えられています。それ以来、特別な力が秘められている重要なお経とみなされ、多くの人々に受け入れられてきました。

『般若心経』の原典は何種類もあります。漢訳は現存するものだけでも七種類を数えます。

　最初は鳩摩羅什《くまらじゅう》という中国西部出身のお坊さんが訳されたものが読まれていました。しかし現在では、『西遊記』に登場する三蔵法師《さんぞうほうし》のモデルになった唐の時代の玄奘《げんじょう》というお坊さんの訳本がもっともよく読まれ、世間に広まっています。

Q2 『般若心経』にはなにが書かれているの？

A 幸せになるための方法です。

『般若心経』で説かれている重要な内容のひとつは、「空《くう》」という考え方です。

「空」とは、「実体がない」こと。つまり、私たち人間を含めたあらゆる物事はさまざまな関係性のなかで存在していて、固定的・実体的ではないということを意味します。

　この空の認識を体得するために必要なのが「智慧《ちえ》」。これが『般若心経』で説かれているもうひとつの重要事項です。簡単に説明すると、智慧とは人が生きるうえで大切な思いやりや行いのこと、つまり「仏の智慧」です。

　あらゆる物事の本質は「空」なのに、固定的にとらえるために自分の思いどおりにならないことが多く、苦を感じることが少なくありません。しかし、智慧をもって空を体得すれば幸せになれるのです。

Q3 『般若心経』にはどんなご利益があるの？

A 悩み苦しみ悲しみを取り除き、健康面での効果も期待できます。

仏教には膨大な数のお経がありますが、そのなかでも特に大きな功徳《くどく》（ご利益《りやく》）があるといわれているのが『般若心経』です。

『般若心経』は悩み苦しみ悲しみを取り除き、安楽を与えてくれるといわれています。安眠効果やリラックス効果といった、より現実的な健康面でのご利益も見逃せません。では、そうしたご利益はどうすれば得られるのでしょうか。

古くから推奨されてきたのは声に出してお経を読む「読経《どきょう》」と、お経を書写する「写経《しゃきょう》」です。読経は声に出さなくてもいいですし、誰かが唱えているのを聴くだけでもかまいません。

書かれている内容は少々難しいかもしれませんが、書く・唱える・聴くを実践するだけで、『般若心経』の不思議な力によってご利益を得ることができるのです。

Q4 『般若心経』はどうして人気があるの？

A これを唱えれば間違いないオールマイティなお経だからです。

『般若心経』の特徴として、日本の多くの宗派で読まれていることがあげられます。

現在、日本には古くからの大きな仏教宗派が一三あり、宗派ごとにそれぞれ教えが異なります。しかし、そのうち真言宗《しんごんしゅう》、天台宗《てんだいしゅう》、臨済《りんざい》宗《しゅう》、曹洞宗《そうとうしゅう》、法相宗《ほっそうしゅう》などで『般若心経』が大変重んじられており、常日頃読み唱えられているのです。浄土宗《じょうどしゅう》でも祈願のときや食事のときに『般若心経』を唱えます。

ちなみに、真言宗を開かれた弘法大師《こうぼうだいし》・空海《くうかい》は『般若心経』を密教の立場から分析して、『般若心経秘鍵《はんにゃしんぎょうひけん》』という注釈書を書いています。そして大般若菩薩《だいはんにゃぼさつ》という菩薩が体得した悟りの境地を明らかにしました。

意外なことに、神道《しんとう》でも『般若心経』が唱えられることがあります。『般若心経』を好まれる多くの神々に対して、読経を奉納する習慣がみられるのです。

明治時代以前の日本では、神さまと仏さまが調和され、同一視される「神仏習合《しんぶつしゅうごう》」が基本でした。その考え方が背景にあるといわれています。

一般的にも『般若心経』は大変ポピュラーです。『般若心経』を読むことを毎日の日課にしていたり、お寺の写経教室で『般若心経』の書写をしたりする人が少なくありません。

また、四国八十八ヶ所巡りをするお遍路《へんろ》さんが、満願《まんがん》の証しとして読むのも『般若心経』です。そのお寺のご本尊さまとお大師《だいし》さま（空海）に対して、『般若心経』を読経、あるいは写経などで奉納します。

『般若心経』は字数にすれば、わずか二七六文字。短いゆえに、どんなときでも唱えられ、これを唱えておけば間違いないという〝オールマイティさ〟があります。そんな点が人気の理由でしょう。

各宗派でよく読むお経

宗派	お経
真言宗	**『般若心経』**『大日経』『金剛頂経《こんごうちょうきょう》』『理趣経《りしゅきょう》』など
天台宗	**『般若心経』**『法華経』『大日経』『阿弥陀経』など
浄土宗	**『般若心経』**『浄土三部経』
浄土真宗	『浄土三部経』
臨済宗	**『般若心経』**『法華経』『大悲心陀羅尼《だいひしんだらに》』など
曹洞宗	**『般若心経』**『法華経』『大悲心陀羅尼』など
日蓮宗	『法華経』

『般若心経』の全文と現代意訳

タイトル

仏説摩訶般若波羅蜜多心経《ぶっせつまかはんにゃはらみたしんぎょう》

仏さまが説かれた、大いなる智慧の完成のための心臓の教え

第1段

観自在菩薩《かんじざいぼさ》
行深般若波羅蜜多時《ぎょうじんはんにゃはらみたじ》
照見五蘊皆空《しょうけんごうんかいくう》
度一切苦厄《どいっさいくやく》

観音さまは深遠な智慧の完成という修行をしていたとき、自分というものは五つの要素から構成されていて、自我ではないと悟られました。そして、その要素の本性は固定的実体のない空だと気づき、すべての苦から救われました。

第2段

舎利子《しゃりし》　色不異空《しきふいくう》　空不異色《くうふいしき》
色即是空《しきそくぜくう》　空即是色《くうそくぜしき》
受想行識《じゅそうぎょうしき》　亦復如是《やくぶにょぜ》

舎利子尊者よ、色、つまり形あるモノの本質は、実体がないということにほかなりません。といって、実体がないという条件のなかでモノは存在しています。モノには不変の実体がありませんが、実体がないという条件のもと、たしかにモノは存在しています。これはモノに限らず、受・想・行・識という心のはたらきにもいえることなのです。

第3段

舎利子《しゃりし》　是諸法空相《ぜしょほうくうそう》
不生不滅《ふしょうふめつ》　不垢不浄《ふくふじょう》　不増不減《ふぞうふげん》

舎利子尊者よ、この世の存在すべてが空であるという境地になれたなら、生じることもなく、滅することもなく、汚れもなく、きれいということもなく、減ることもなく、増えることもなく、そのようには存在しないと気づくことができるでしょう。

第4段

是故空中《ぜこくうちゅう》　無色無受想行識《むしきむじゅそうぎょうしき》
無眼耳鼻舌身意《むげんにびぜっしんに》
無色声香味触法《むしきしょうこうみそくほう》
無眼界《むげんかい》　乃至無意識界《ないしむいしきかい》

空という価値観のなかでは、色や形あるモノもそのようには存在せず、受・想・行・識という心のはたらきもそのようには存在しないのです。眼も耳も鼻も舌も身体も心も実体はなく、形も声も香りも味も触れるものも意識するものも実体はありません。感覚器官の営みや認識までもそのようには存在しないのです。

第5段

無無明《むむみょう》　亦無無明尽《やくむむみょうじん》
乃至無老死《ないしむろうし》　亦無老死尽《やくむろうしじん》

迷いの根源である無明もそのようには存在せず、無明が尽きることもありません。老いも死もそのようには存在せず、老いと死が尽きることもないのです。

第6段

無苦集滅道《むくじゅうめつどう》　無智亦無得《むちやくむとく》
以無所得故《いむしょとっこ》

お釈迦さまが悟った四つの真理、苦・集・滅・道もそのようには存在しません。智もなく、たしかに得られるものもないのです。得ることができる実体的なものはないからです。

第7段

菩提薩埵《ぼだいさった》　依般若波羅蜜多故《えはんにゃはらみたこ》
心無罣礙《しんむけげ》　無罣礙故《むけげこ》　無有恐怖《むうくふ》
遠離一切顛倒夢想《おんりいっさいてんどうむそう》　究竟涅槃《くきょうねはん》

菩薩は、智慧の完成の実践（般若波羅蜜多の真言行）によって、心をさまたげるものがなくなりました。それゆえに心に恐れもなく、一切の偏った妄想を抱くことを遠ざけ、涅槃を究めることができるのです。

第8段

三世諸仏《さんぜしょぶつ》　依般若波羅蜜多故《えはんにゃはらみたこ》
得阿耨多羅三藐三菩提《とくあのくたらさんみゃくさんぼだい》

過去世・現世・未来世の三世の仏さまたちもみな、智慧の完成の実践により、この上なく完全な悟りを得られました。

第9段

故知般若波羅蜜多《こちはんにゃはらみた》
是大神咒《ぜだいじんしゅ》　是大明咒《ぜだいみょうしゅ》
是無上呪《ぜむじょうしゅ》　是無等等呪《ぜむとうどうしゅ》
能除一切苦《のうじょいっさいく》　真実不虚《しんじつふこ》
故説般若波羅蜜多咒《こせつはんにゃはらみたしゅ》　即説呪曰《そくせっしゅわつ》

ゆえに知るべきです。般若波羅蜜多という智慧の完成とは、大神咒であり、大明咒であり、無上呪であり、等しきもののない呪であることを。この真言は、よく一切の苦しみを除き、真実にして効験があります。よってここに般若波羅蜜多の真言を授けます。すなわち真言を説いていわく

第10段

掲諦掲諦《ぎゃていぎゃてい》　波羅掲諦《はらぎゃてい》
波羅僧掲諦《はらそうぎゃてい》　菩提娑婆訶《ぼじそわか》
般若心経《はんにゃしんぎょう》

到達せる者よ、到達せる者よ、彼岸に到達せる者よ、彼岸にまったく到達せる者よ、悟れる尊よ、ご嘉納あれ。ここに智慧の完成の真言（心臓）が終わった。

第2章

『般若心経』を聴いてみよう！

『般若心経』がどんなお経か
なんとなくわかったら、
実際に読経を聴いてみましょう。
付録CDに収録した『般若心経』は、
全部で六バージョン。
スタンダードなものから
音楽とともに唱えたものまで、
『般若心経』のいろいろな読経を
楽しんでください。

聴いて親しむ

『般若心経』の聴き方

　お葬式やご法事のときに、お坊さんがお経を唱えている声を聴くと、「いったい何といっているのか?」「難しそうでさっぱりわからない」といった感想をもつ人がほとんどでしょう。

　たしかにお経は簡単ではないかもしれませんが、お経には私たちの心と体を癒やし、ご先祖さまを供養する功徳《くどく》（ご利益《りやく》）があります。

　なぜならお経は、お釈迦《しゃか》さまが私たちの悩み苦しみ悲しみに応じて説かれた「寄り添いの言葉」だからです（**対機説法**❶）。

昔の偉いお坊さんも**お経の効果**❷を書き残されています。

　あまたあるお経のなかで、ご利益の大きいお経が『般若心経』です。

　『般若心経』は受持する・読む・聴く・唱える・書く・説く・供養する、どんな接し方でも、ありがたいご利益を得られると信じられています。そのなかから、ここでは「聴く」という方法について紹介します。誰でも無理なく始めることができ、『般若心経』のご利益にあずかれる接し方です。

科学的に実証された効能

　そもそもお経を聴いて耳から心に届けると、安眠効果やリラックス効果を得られるといわれています。

　みなさんはご法事などの際、お坊さんが読経《どきょう》する（お経を読む）声を聴いて、ついつい居眠りしてしまった経験はありませんか？　実はこれは、お経が退屈だからという理由だけではありません。

　ある実験で読経をするお坊さんの脳波を調べたところ、「α

2」という脳波が多く測定されました。これは単調なリズム、かつ抑揚の少ない読経が、セロトニンという、心を安定させて平常心をもたらす脳内物質の分泌をもたらした結果であると説明されています。

　とすると、読経を聴きながら眠くなってしまうのはむしろ自然なことで、心が平静で気持ちよくなっている状態の表れともいえるのではないでしょうか。

　さらにセロトニンには、ストレスの軽減や睡眠障害、高血圧、糖尿病などの予防効果もあると報告されており、お経が心身を健康に導いてくれるという説の根拠のひとつになっています。

CDを聴いてみよう！

　それでは、実際に『般若心経』を聴いてみましょう。

　本書に付属しているCDには、『般若心経』の読経が収録されています。

　お葬式やご法事などでよく聴くスタンダードなスタイルのものを始めとして、さまざまなタイプの『般若心経』を用意しています。

　疲れているとき、悲しいとき、元気なとき、集中したいときなど、心身の状況に応じて選んでいただくことができます。もちろん、ご自身で唱えていただくための練習用トラックもあります。

　『般若心経』の言葉の意味については、次の章で詳しく解説しています。ここではまず、「聴く」ことから始めてみてください。

❶対機説法
その人のやる気や能力にふさわしい手法や言葉を選んで救済しようとする説法のしかたです。

❷お経の効果
東嶺円慈の『看経論』や、空海の『般若心経秘鍵』などに詳細が書かれています。

聴いて親しむ

CD1

基本形

感謝の気持ちが生まれる基本の読み方

★どんなときに聞く？

- うまくいかないとき
- 落ち込んだとき
- 先祖に感謝したり、供養したりするとき

★期待できる効果

- 感謝の気持ちが生まれる
- 反省の心が芽生える
- 向上心が生まれる

『般若心経』は宗旨・宗派、地域の習慣などの違いにより、読み方やルビ、アクセント、テンポなどがさまざまに変わってきますが、本書の付属CDは、高《こう》野《や》山《さん》に伝えられる読み方を基本にしています。

最初のトラックは基本的な読経で、いつでもどんな状況でも聞いていただけます。

法事やお葬式、お寺の年中行事でお坊さんが唱えるスタイルに準じているので、お仏壇参りやお墓参り、日常の供養の場面でも使っていただけます。

聴いて親しむ

CD2

練習用

住職の唱和に続いてゆっくりと唱えてみよう

★練習のしかた

一．私がお唱えしている声をお聴きください。

二．拍子に合わせて鈴が二回鳴ります。それを合図に、私が唱えた箇所をお唱えください。

（音量の小さいお手本も録音されています）

【補足一】
ご自身の出しやすい声の高さで発声していただいて結構です。

【補足二】
息つぎも自由にしていただいて結構です。

トラック1をベースにした練習用のバージョンです。数文字ずつ短い言葉で区切り、ゆっくり繰り返していただけるようになっています。言葉の区切りは、本書の第4章に準じています。

いきなり通して読むのは難しいと思いますので、まずは「色《しき》即《そく》是《ぜ》空《くう》」など、好きな言葉だけを選んで唱えるのもよいでしょう。いずれは自分だけで全部唱えられるようになりたいという方は、トラック1も聴きながら、徐々に言葉を覚えていってください。

聴いて親しむ

CD3

平静

繰り返し唱えると身体の不調が和らぐ

『般若心経』の最後に登場する「ぎゃてい、ぎゃてい」という呪文（真言《しんごん》）を繰り返し唱える構成になっています。

この呪文は『般若心経』の祈りの核心です。仏教が起こる以前の古代インドでは、真言を心臓の鼓動のようにひたすら唱えることで体を自然のリズムに戻し、心身の不調を整え、深い瞑想に入っていきました。

ストレスに身をさらされている現代社会の私たちも、真言を一心に唱えればよい変化が起こってくるでしょう。

★どんなときに聴く？

・不安でそわそわするとき
・息苦しく動悸が激しいとき
・体の調子が悪く感じるとき

★期待できる効果

・心が落ち着き、緊張から逃れられる
・満員電車など狭い空間での息苦しさから解放される
・身体のバランスが整う

聴いて親しむ

CD4

幸福

勢いのあるリズムで心を明るく元気に！

お寺で『般若心経』を唱えるときには、読経を依頼された人の思いにできるだけ応えられるように意識して唱えます。たとえば、悲しみの底にある人に対しては「ゆっくり、低く、静かに」、逆に厄除けや願掛けを望む人に対しては「速く、高く、力強く」といった具合です。

このトラックでは、心を元気にしてもらおうと、勢いをつけたリズムでお唱えしています。ありがたいお経をいつでも、どこでも聴いて幸福な毎日を送っていただけたらと思います。

★どんなときに聴く？

・外に出かけてみたいとき
・新しい発見をしたいとき
・むしゃくしゃするとき

★期待できる効果

・運が開ける
・やる気、爽快感が出る

聴いて親しむ

CD5

瞑想

ゆったりとしたテンポの唱和が心を落ち着かせる

心が落ち着くよう、ゆったりとしたテンポで唱えています。また、自然界のゆらぎを感じさせる波の音や、一定の音を繰り返す柔らかい電子音を重ね、ヨガや瞑想の際に聴いていただけるようにつくりました。

期待できる効果として、集中力と深い睡眠という、一見相反するような内容を掲げていますが、これは集中力や新しい発想を生み出すために、ゆっくりと疲れた頭を休めていただくことを意図したものです。落ち着いた環境で聴いてください。

★どんなときに聴く?

・自己を見つめてみたいとき
・物思いにふけりたいとき
・不眠に悩まされているとき

★期待できる効果

・集中力を養える
・深い睡眠を得られる
・思考力が高まる

聴いて親しむ

CD6

癒し

空の考え方を表した音楽で『般若心経』を唱える

この世の中と同じく、人の心も諸行《しょぎょう》無常《むじょう》です。それを表現した音楽で、『般若心経』を唱えました。このお経の中心的な教えである「空《くう》」の考え方を、さまざまに展開する楽曲で表しています。

悲しい気持ちはいずれ上向いてきます。右か左か決めることができず、行ったり来たりする気持ちも自分らしさです。

そんな自分らしさを認め、癒してくださる仏さまを感じられるような楽曲とともにお唱えしてみてください。

★どんなときに聴く？

・落ち込んでいるとき
・人間関係に悩んでいるとき
・失恋したとき

★期待できる効果

・気持ちの浮き沈みが落ち着く
・自分に自信をもてる
・相手の気持ちを理解できるようになる

第3章

『般若心経』を理解して唱えてみよう！

今度は、みなさんも
『般若心経』を唱えてみましょう。
通常の唱え方【CD1】で
全体の雰囲気をつかんだら、
【CD2】の練習用トラックで
私の声に続いて唱えてみてください。
繰り返し練習すれば
自然と覚えられます。
読経とともに『般若心経』の理解も
深めていきましょう。
全体を10の段落に分けましたので、
各段落でなにが説かれているのか
わかりやすいと思います。

唱えてみる

『般若心経』の全体構成

『般若心経《はんにゃしんぎょう》』に初めて触れる人は、まず全体像をつかんでいただきたいと思います。

31ページに示すように、『般若心経』は前段と後段の二部構成になっています。

前段は第1段から第8段までで、「空《くう》」のあり方について説かれています。

「空」とは、「固定的な実体はなにもない」という教えです。実に深遠かつ合理的な考え方で、仏教の三原則である「諸《しょ》行《ぎょう》無常《むじょう》」「諸法無我《しょほうむが》」「一切皆《いっさいかい》苦《く》」を一字で言い表しています。

この「空」が可能にする価値の創造や、こだわりを捨てた柔軟な生き方が、日々直面する現代のさまざまな課題を克服する万能薬になります。

「空」に続いて「真言」を説く

後段は第9段と第10段で、「真言《しんごん》」という呪文を唱えれば悩み苦しみ悲しみを除けるといったことが説かれています。

高野山《こうやさん》に真言宗《しんごんしゅう》を開いた弘法《こうぼう》大師《だいし》・空海《くうかい》は、『般若心経』は、お経全体が真言であり、言葉では言い尽くせない無限の教えが詰まっていると説かれました。

真言を理解することは、「絵」を理解することと似たようなものといえるかもしれません。絵は人それぞれが成長の度合いによって〝感じる〟もの。こちらの見方次第で自由自在に意味を見出したり、無言のメッセージを受け取ることができるものです。

詳細は後述するとして、『般若心経』は前段で空の考え方の重要さを教え、後段で真言を唱えなさいと説いていると覚えておいてください。

『般若心経』の分け方

タイトル

仏説摩訶般若波羅蜜多心経

前段　「空」という考え方について説く

第1段	観自在菩薩 行深般若波羅蜜多時 照見五蘊皆空 度一切苦厄	第1段
第2段	舎利子　色不異空　空不異色 色即是空　空即是色 受想行識　亦復如是	第2段①
第3段	舎利子　是諸法空相 不生不滅　不垢不浄　不増不減	第2段②
第4段	是故空中　無色無受想行識 無眼耳鼻舌身意 無色声香味触法 無眼界　乃至無意識界	第2段③
第5段	無無明　亦無無明尽 乃至無老死　亦無老死尽	第2段④
第6段	無苦集滅道 無智亦無得　以無所得故	第2段⑤
第7段	菩提薩埵　依般若波羅蜜多故 心無罣礙　無罣礙故　無有恐怖 遠離一切顛倒夢想　究竟涅槃	第3段
第8段	三世諸仏　依般若波羅蜜多故 得阿耨多羅三藐三菩提	第3段

後段　「真言」という呪文について説く

第9段	故知般若波羅蜜多 是大神咒　是大明咒 是無上咒　是無等等咒 能除一切苦　真実不虚 故説般若波羅蜜多咒　即説呪曰	第4段
第10段	掲諦掲諦　波羅掲諦 波羅僧掲諦　菩提娑婆訶 般若心経	第5段

＊『般若心経』の構成は、全体を10段に分ける考え方などがあるが、密教的な考え方では5段に分ける。第1段では総論、第2段では仏教各宗派の教え（①華厳宗、②三論宗、③法相宗、④声聞・縁覚、⑤天台宗）、第3段ではご利益、第4段では真言の説明、そして第5段では『般若心経』の教えが真言に集約されることを示す。

唱えてみる

『般若心経』の唱え方

『般若心経』の全体像を把握したら、実際に読んで（唱えて）みましょう。

形式にとらわれすぎる必要はないのですが、ここではお経の読み方（唱え方）のイロハを紹介します。どんな意味なのか、少し詳しい解説をつけているので、お経の内容を理解しながら読み進めてください。

大きな声、一定のリズムで読む

お経を見ながら声に出して読む、つまり唱えることを、「読《ど》経《きょう》」といいます。一方、黙読することは「看経《かんぎょう》」といいます。暗記しているお経を声に出して読むこともあり、それを「誦《じゅ》経《ぎょう》」といいます。しかし、お経は大切なものなので、たとえ暗記していたとしても、お経を見て読経するスタイルを基本にすべきとされています。

読経の場所は、仏壇の前が好ましいといわれますが、自宅でいちばん落ち着ける場所を選んでもいいでしょう。正座をするか、椅子に腰かけたら、背筋を伸ばして、目の高さでお経をもちます。そして、心を静めて大きな声で読み始めます。

抑揚《よくよう》をつけず平坦かつ滑らかに、音を伸ばしてつなげるように読むのが一般的です。お坊さんが法事などで唱えるスタイルです。

読むスピードは自由です。息つぎもどこでしても大丈夫です。厳密には宗派やお寺ごとに違いがあるのですが、最初のうちはそのあたりにはあまり気をつかわなくてもかまいません。一定のリズムになるように心がけるくらいでいいのではないでしょうか。

読経の作法

経本を目の高さに合わせる
喉を開き、
大きな声で読む
姿勢を正す
おへその下あたりに
力が入る
(可能なら)正座をする

経本のもち方

合掌をしてもつ　　4本指でもつ　　3本指でもつ

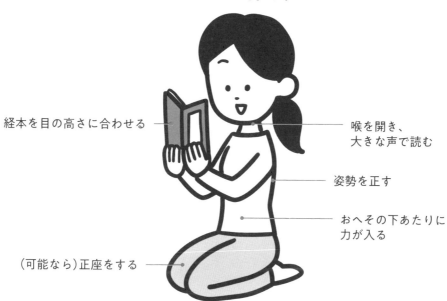

唱えてみる タイトル

『般若心経』は幸せになるためのお経

仏《ぶっ》説《せつ》摩《まー》訶《かー》般《はん》若《にゃー》波《はー》羅《らー》蜜《みー》多《たー》心《しーん》経《ぎょーう》

仏さまが説かれた、大いなる智慧の完成のための心臓の教え

『般若心経』の最初の十二文字は、このお経のタイトルです。「仏説」とは**仏さま**❶（お釈迦《しゃか》さま）が説かれた教えであることを示すために加えられた言葉です。「摩訶《まか》」は、「まかふしぎ」というときの摩訶で、「偉大な、大きなもの」を意味する**梵語**《ぼんご》❷の「マハー」を**音写**❸したものです。

「般若」は恐い言葉？

次の「般若波羅蜜多《はんにゃはらみた》」に関しては、「般若」という響きにおどろおどろしさを感じる方もいるかもしれませんが、実はとてもありがたい意味が込められた言葉です。

「般若」は梵語の「プラジュニャー」の音写で、「智慧《ちえ》」を表します。この智慧は私たちがふだん使っている知識としての「知恵」とは違い、人が生きるうえで大切な思いやりや、物事の本質を大切にした「（仏の）智慧」のことです。

「波羅蜜多」も同じく梵語の「パーラミター」の音写で、「智慧の完成」という意味です。私たちの生活目線でいえば、「彼《ひ》岸《がん》（幸せ）の境地にいたる」といった解釈でよいと思います。

そして「心経」の「心」は、身体で肝心な「心臓」を、「経」は「お経」を意味します。

つまり「仏説摩訶般若波羅蜜多心経」というお経のタイトルは、「幸せになるための智慧が集約された肝心な心臓の真言が、仏さまによって説かれています」という内容を示しているのです。

❶ 仏さま
「目覚めた人」「真理を悟った人」を意味する梵語「ブッダ（仏陀）」のこと。日本では尊敬と親しみを込めて「仏さま」と呼びます。ただし仏さまはたくさんおり、ここでは『般若心経』を説いたお釈迦さまをさします。

❷ 梵語
古代インドなどで使われていた言語、サンスクリット語のことです。お経の多くは、梵語やパーリ語で書かれており、日本へは中国のお坊さんが翻訳した漢訳が伝わりました。

❸ 音写
お経を漢文に翻訳する際、意味を損なわないようにあえて翻訳せず、似た音の漢字で表記することです。

真実を見極めることが苦しみを除くカギになる

観《かん》自《じー》在《ざい》菩《ぼー》薩《さー》
行《ぎょう》深《じん》般《はん》若《にゃー》波《はー》羅《らー》蜜《みー》多《たー》時《じー》
照《しょう》見《けん》五《ごー》蘊《うん》皆《かい》空《くう》
度《どー》一《いっ》切《さい》苦《くー》厄《やく》

観音さまは深遠な智慧の完成という修行をしていたとき、自分というものは五つの要素から構成されていて、自我ではないと悟られました。そして、その要素の本性は固定的実体のない空だと気づき、すべての苦から救われました。

ここから『般若心経』の物語が始まります。想像してみてください。お釈迦さまが多くのお弟子たちを前に説法する姿を。

そのお弟子のなかで、誰よりも先にお釈迦さまの悟りを理解したのは、深い瞑想《めいそう》で聞き入っていた**観自在菩薩**《かんじざいぼさつ》❶、すなわち観音《かんのん》さまでした。

観音さまは観察力に優れ、人々の悩み苦しみもよく察して、自在に救済してくださる菩薩です。その観音さまが「般若波羅蜜多」という深遠な修行（真言行《しんごんぎょう》）のすえに、「照見五蘊《しょうけんごうん》皆空《かいくう》」、つまり「私とは五蘊（無我）で、その五蘊も実体のない『空』である」と悟ったのです。

五蘊と空でできている世界

「五蘊」とは世の中の森羅万象を認識する五つの要素、すなわち「色《しき》・受《じゅ》・想《そう》・行《ぎょう》・識《しき》」を意味します。私たちの身体でいうと、色は形ある体、受は「甘い」などの感覚、想は「好きだ」などの感想、行は「食べたい」などの意志、識は「これはミカンだ」などの認識のことです。

そして「空」とは、五蘊の各パーツが結びつく法則のことで、日本の仏教がもっとも大切にしている考え方です。

観音さまはこのように世界の成り立ちを分析でき、そのすべてが空であることに気づきました。それによって「度一切苦厄」、すなわち「すべての苦から救われた」というのです。

『般若心経』の第1段では、私たちが現実に住む世界の真理を見極めること、それが一切の苦しみを取り除くカギになると説かれているのです

❶観自在菩薩

菩薩とは、悩める人を救うために、あえて最高位の如来に出世せず、人々を救うことを生きがいとしている仏さま。観自在菩薩（観世音菩薩ともいう）は、その菩薩のお一人で、人の悩みに応じて三十三の姿に変化するといわれています。『般若心経』では、お釈迦さまの境地を悟り、舎利子尊者の質問に答える役割として登場します。

唱えてみる

第2段

形あるあらゆるモノはなにものでもない

舎《しゃー》利《りー》子《しー》

色《しき》不《ふー》異《いー》空《くう》　空《くう》不《ふー》異《いー》色《しき》

色《しき》即《そく》是《ぜー》空《くう》　空《くう》即《そく》是《ぜー》色《しき》

受《じゅー》想《そう》行《ぎょう》識《しき》　亦《やく》復《ぶー》如《にょー》是《ぜー》

舎利子尊者よ、色、つまり形あるモノの本質は、実体がないということにほかなりません。といって、実体がないという条件のなかでモノは存在しています。モノには不変の実体がありませんが、実体がないという条件のもと、たしかにモノは存在しています。これはモノに限らず、受・想・行・識という心のはたらきにもいえることなのです。

第2段からは観音さまが**舎利子**《しゃりし》❶尊者の問いに応じ、自身の悟りを語る場面になります。内容は五蘊と空の関係についてです。

まず「色不異空《しきふいくう》」。これは「色（モノ）は**空**❷にほかならない」ということです。次に「空不異《くうふい》色《しき》」は、「さまざまに変化する空という条件のなかにこそ、モノが生まれる一瞬がある」ということを意味しています。

さらに観音さまは、「色即是《しきそくぜ》空《くう》　空即是《くうそくぜ》色《しき》」とたたみかけます。「あらゆるモノは空であるが、反対に、あらゆるモノは空という性質をもってたしかに存在している」と。

部品は全体を決定づけない

たとえ話をします。日本のカメラメーカーの創業者が、独自のカメラをつくろうと決意し、海外メーカーのカメラをバラバラに分解して分析してみました。部品はごく普通のものばかりだったので、自分たちでもつくれるぞと意気込みます。しかし、海外製品と同じような性能はなかなか出せませんでした。

実はカメラの部品は、どれもカメラの性能を決定づけるものではありません。カメラをつくる人たちの技術や理想、部品の性質、組み合わせなど、無数の条件がそろったときに初めて、素晴らしいカメラが生まれます。いわば「カメラは空なり（＝色即是空　空即是カメラ）」ということです。

こうした空のありようは、「色（モノ）」だけでなく、私たちの心のはたらきである「受・想・行・識」にも同じことがいえます。それを観音さまは、「受想行識《じゅそうぎょうしき》　亦復如是《やくぶにょぜ》（またかくのごとし）」という言葉で語っているのです。

❶舎利子
お釈迦さまの十大弟子のなかでもっとも智慧に秀でた、シャーリプトラという名の実在の人物。『般若心経』では、釈迦説法の聴衆のひとりとして登場し、観音さまとやりとりをします。

❷空
梵語で「ふくれる」「空っぽ」を意味する「シューニャター」を訳した言葉。無ではなく、固定的実体のなさ、数字のゼロのように「無いけれど有る」、むしろ無限の可能性を秘めているというニュアンスをもちます。したがって、空とは「なにもない」よりも「なにもないのでもない」というような、物事の個性や性質、役割をひとつに限定せず、価値を見出す言葉といえるでしょう。

空の立場では「あいにくの雨」が「恵みの雨」になる

舎《しゃー》利《りー》子《しー》

是《ぜー》諸《しょー》法《ほう》空《くう》相《そう》　不《ふー》生《しょう》不《ふー》滅《めつ》

不《ふー》垢《くー》不《ふー》浄《じょう》　不《ふー》増《ぞう》不《ふー》減《げん》

舎利子尊者よ、この世の存在すべてが空であるという境地になれたなら、生じることもなく、滅することもなく、汚れもなく、きれいということもなく、減ることもなく、増えることもなく、そのようには存在しないと気づくことができるでしょう。

第3段でも観音さまによる舎利子尊者への応答が続きます。

観音さまは「是諸法空相《ぜしょほうくうそう》」、すなわち「この世に存在するすべてが空である」という立場で世界を見渡せば、いままでとはまったく異なる尺度で物事を見定めることができるようになる、と語り始めます。

あなた自身のことを振り返ってみてください。毎日の生活で出会うものごとを、何かと、誰かと「比較」することによって、価値の大小を決めつけていませんでしょうか。

本来は誰もが「自分らしさ」という絶対不変のものさし（価値基準）をもっていて、満足度も人それぞれのはずです。にもかかわらず、他人と比較してしまうため、欲は大きくなり、心のものさしはどんどん小さくなっていきます。

最近はインターネットの普及により、比較する相手が世界中に広がりました。収入や持ち物、財産、容姿、健康など、無限に広がる比較対象に、その都度一喜一憂し、不平不満を感じやすくなっています。こうした風潮を『般若心経』は戒めています。

「雨」のもつ価値が変わる

「生滅（生じることや滅すること）」、「垢浄（汚れていることやきれいであること）」、「増減（増えたり減ったりすること）」、そのこと自体に良し悪しは一切なく、両極端の境目を世間標準のものさしで決めてしまうと空しい結果になる、と『般若心経』は説いているのです。

常に移ろいゆき、絶対不変の価値を否定する空の境地に立てば、「あいにくの雨」も、人によって、時によって、あるいはその人の気持ちの変化によって「めぐみの雨」にもなり得る。そのことを、この場面は教えてくれています。

唱えてみる 第4段

この世界にはたしかな存在など何ひとつない

是《ぜー》故《こー》空《くう》中《ちゅう》

無《むー》色《しき》無《むー》受《じゅー》想《そう》行《ぎょう》識《しき》

無《むー》眼《げん》耳《にー》鼻《びー》舌《ぜっ》身《しん》意《にー》

無《むー》色《しき》声《しょう》香《こう》味《みー》触《そく》法《ほう》

無《むー》眼《げん》界《かい》　乃《ない》至《しー》無《むー》意《いー》識《しき》界《かい》

空という価値観のなかでは、色や形あるモノもそのようには存在せず、受・想・行・識という心のはたらきもそのようには存在しないのです。眼も耳も鼻も舌も身体も心も実体はなく、形も声も香りも味も触れるものも意識するものも実体はありません。感覚器官の営みや認識までもそのようには存在しないのです。

世界が空であるということは、私たちがこれまでたしかな存在だと思っていた世界もたしかでなく、それを認識する私たちの感覚器官や認識能力も不確かなものである――ここには少々信じがたいことが説かれています。

　私たちは日々の暮らしで接するすべての現象（五蘊《ごうん》）を、六《ろっ》根《こん》（眼などの感覚器官）で、六《ろっ》境《きょう》（目に見える物などの認識対象）を、六識《ろくしき》（観るなどの認識作用）をフル稼働させて識別、理解しています。

　ただし、これも絶対的なものではありません。毎朝起きて眼に入ってくる景色や家族の顔、「おはようの声」など、一見昨日と変わらぬ確実な存在と思い込んでいるものも、感覚や対象さえ空という前提のなかでは、どれもが不確実な存在であると説かれているのです。

「幽霊を見た」「いや、幽霊はいない」などと、人は自分の眼で見えるものが絶対だと思い込みますが、私たちの眼や、見るものや、ものの見方は、本当に絶対不変で確実なものなのでしょうか。

「これはお酒だ」と聞かされて飲んでいた水で泥酔したという実験もありますし、現代物理学では人間の目に見えているものの姿は確定的実体ではないと主張されるなど、案外、私たちの認識や感覚はあいまいです。

　このことについて『般若心経』では、世の中の存在や営みのすべては**三科**《さんか》❶であり、一見絶対不変である風景も、見る人の感覚や見られる対象も、すべてが空であるゆえ、そのようには存在しないと説かれているのです。

❶三科
五蘊、十二処、十八界のこと。五蘊とは、色＋受想行識。万物を構成する要素。十二処とは、六根（眼耳鼻舌身意）と六境（色声香味触法）。十八界とは、六根、六境に六識（見聞嗅味触知（眼界〜意識界））を加えたもの。世の中の存在、人間の感覚が相互に影響しあってできているという考え方。

唱えてみる
第5段

ものごとの原因と結果にこだわりすぎる必要はない

無《むー》無《むー》明《みょう》　亦《やく》無《むー》無《むー》明《みょう》尽《じん》

乃《ない》至《しー》無《むー》老《ろう》死《しー》　亦《やく》無《むー》老《ろう》死《しー》尽《じん》

迷いの根源である無明もそのようには存在せず、無明が尽きることもありません。老いも死もそのようには存在せず、老いと死が尽きることもないのです。

第5段で説かれるのは「縁起《えんぎ》（十二縁起❶）」です。

因果関係といわれるように、物事の結果（果）には必ず原因「因」があります。たとえばサッカーでゴールという「果」を生むためには、シュートする人へのアシストが必要です。それだけでなく、アシストの前のパス、さらにその前のパス……というように、ゴールはキックオフという「因」まで遡ります。

また、この因と果の間には天候や芝生の状態、選手の体調、モチベーション、声援といった無数の条件「縁」も影響するので、キックオフは毎回違った結果を生むことになります。

因果は過去や未来にも及ぶ

十二縁起は悩みを滅し、幸せを生むことができる仏教の大切な教えです。しかし『般若心経』は、空の立場ではその教えさえ「無」、すなわち「こだわってはならない」と説きます。なぜなら空の視野では、キックオフからゴールまでの因果だけでなく、過去や未来に生じる縁にまで目を向けるからです。

実はゴールが生まれるまでには、フィールド外の縁、たとえば選手が育った環境、ふだんの練習ぶり、さらにその選手が生まれた縁など、世代をも超越した途方もない巡り合わせが影響しています。また、そのゴールに感動した子どもたちが将来どこかで新たなゴールを生むかもしれません。

私たちは努力が報われない、なぜこんなことになったのかと日々悩みますが、『般若心経』は原因と結果に固執することを離れたときに異なる見方が生まれ、心が穏やかになると教えているのです。

❶十二縁起
人の苦悩が生まれたり、滅する過程を過去・現在・未来にわたる十二の段階で説明した根本の教えのこと。(1)無明……迷いの根本無知、(2)行……無明が作る善悪の行ない、(3)識……過去世の行ないが生む、受胎時の一念、(4)名色……胎内にいるときにつくられる心と体、(5)六入……六つの感覚器官が完成し、出生する、(6)触……物に触れるのみの幼児期の感覚、(7)受……苦楽を感じ始める児童期の感受、(8)愛……少年期に生じる好悪憎愛の欲望、(9)取……自己欲に執着する、(10)有……自己欲による行ないで未来の結果を引き起こす、(11)生……その結果として生を受ける、(12)老死……生まれた以上、必然的にやってくる老と死の結果

唱えてみる

第6段

空の教えはすべてのことにとらわれない

無《むー》苦《くー》集《じゅう》滅《めつ》道《どう》

無《むー》智《ちー》亦《やく》無《むー》得《とく》

以《いー》無《むー》所《しょー》得《とっ》故《こー》

お釈迦さまが悟った四つの真理、苦・集・滅・道もそのようには存在しません。智もなく、たしかに得られるものもないのです。得ることができる実体的なものはないからです。

第6段では、空の立場ではお釈迦さまが悟った四つの真理、すなわち「苦集滅道《くじゅうめつどう》（四諦《したい》）」も「無」だと説かれます。

四諦とは「苦諦《くたい》」「集諦《じったい》」「滅《めっ》諦《たい》」「道諦《どうたい》」のこと。

ひとつずつ説明すると、苦諦は物事は思いどおりにならないという真理、集諦は苦の原因が煩悩にあるという真理、滅諦は苦の原因を滅したところに理想の境地があるという真理、道諦は理想の境地に至るには仏の道である「八正道《はっしょうどう》」を実践しなければならないという真理です。

四諦は仏教の基本ともいえる教えですが、なぜそれすら無だというのでしょうか。

その答えは、次の「無智亦無《むちやくむ》得《とく》」を理解すればわかるかもしれません。

「無智亦無得」とは、「智慧もなければ得るものもない」という意味。「智慧の完成」を意味する『般若心経』のタイトルを否定するような言葉ですが、ここでは四諦を「習い事」だと思って考えてみてください。

ピアノをまったく弾けない人が、ベートーベンの「エリーゼのために」を弾けるようになりたいと目標をもち、ピアノを習い始めたとします。

練習を重ね、知識も得て、やがて目標の曲を弾けるようになりました。

ところが、その頃には目標を達成して満足なはずなのに、「もっといろんな曲が弾けるようになりたい」などと思っていることがあります。初心の頃に比べて、向上心という「欲」が大きくなっているのです。

こだわりを捨てることが大事

修行（練習）によって得られるものの価値や重さは、常に一定しません。修行の対価として得られる知識や技術、その満足度に、こだわりを捨てられたときこそ無限に成長できる可能性が生まれます。

『般若心経』は、これをやれば失敗はない、後悔はないと、かたくなに考える心を捨てることの大切さを説いているのです。

そして「以無所得故《いむしょとっこ》」、つまり「このように思えたその先には……」と、次に語られる『般若心経』のご利益へと誘われていきます。

唱えてみる

第7段

空の教えを実践するとこんなご利益が得られる

菩《ぼー》提《だい》薩《さっ》埵《たー》　依《えー》般《はん》若《にゃー》波《はー》羅《らー》蜜《みー》多《たー》故《こー》

心《しん》無《むー》罣《けー》礙《げー》　無《むー》罣《けー》礙《げー》故《こー》

無《むー》有《うー》恐《くー》怖《ふー》　遠《おん》離《りー》一《いっ》切《さい》顛《てん》倒《どう》夢《むー》想《そう》

究《くー》竟《きょう》涅《ねー》槃《はん》

菩薩は、智慧の完成の実践（般若波羅蜜多の真言行）によって、心をさまたげるものがなくなりました。それゆえに心に恐れもなく、一切の偏った妄想を抱くことを遠ざけ、涅槃を究めることができるのです。

第7段では、空の実践で得られる『般若心経』の功徳（ご利益）について語られています。

まずご利益を得られる資格者については、『般若心経』に触れてみようと思っている人なら、誰でも得られます。

『般若心経』では、「一歩前に踏み出そう」という気持ちをもって努力する人を「菩提薩《ぼだいさつ》埵《た》」と呼びます。これは菩薩《ぼさつ》さまのこと、つまり私たち自身です。菩薩と聞くと、仏さまやお弟子たちのように徳の高い人間のことを想像するでしょうが、それだけではありません。

失敗や反省を繰り返しつつ幸せを求めて修行努力する人も菩薩といいます。『般若心経』のご利益は、菩薩の実践をする人が得られるのです。

ご利益は四つある

次にご利益を得る方法は、「般若波羅蜜多」という智慧の完成の真言行を実践することです。つまり、すべてにこだわりなき、達観した境地になることです。

そしてご利益の内容は「度一切苦厄」ですが、大きく四つに分けられます。

（1）心無罣礙……先入観、思い込みによって束縛されていた心が解放され、心に障りが無くなります。ひいては自由なものの見方や発想が得られ、万物、万象を自分に生かすことができるようになります。

（2）無罣礙故無有恐怖……心が解放されれば、それまで不安に思っていたことがなくなります。

（3）遠離一切顛倒夢想……偏りのある誤った妄想を抱くことで生じる苦しみを遠ざけることができます。

（4）究竟涅槃……「究」は「きわめる」、「竟」は「終わる」という意味で、究め尽くす、つまり悟りの境地です。本当の心の自由を、満月のように欠けることのない完全で安心な状態で得られる境地とでもいうべきでしょうか。

悟りというと、とても大きく深く、自分とは無縁のもののように感じるかもしれません。しかしこのようなプロセスをみると少しだけ、自分にも近づけるように思えてきませんか。

唱えてみる

第8段

人は誰しも仏さまになれる可能性を秘めている

三《さん》世《ぜー》諸《しょー》仏《ぶつ》

依《えー》般《はん》若《にゃー》波《はー》羅《らー》蜜《みー》多《たー》故《こー》

得《とく》阿《あー》耨《のく》多《たー》羅《らー》三《さん》藐《みゃく》三《さん》菩《ぼー》提《だい》

過去世・現世・未来世の三世の仏さまたちもみな、智慧の完成の実践により、この上なく完全な悟りを得られました。

仏教では、お釈迦さまのほかに、如来・菩薩・明王・天という肩書きをもつ何千何百の仏さまがいます。それぞれの役割や特技は違いますが、私たちを救ってくれる点は同じです。

さらに『般若心経』の第8段では、「三世諸仏《さんぜしょぶつ》」の仏さまに言及しています。人は誰でも仏さまになれる素質を備えていて、三世《さんぜ》、すなわち過去・現在・未来のどこにでも、悩める人がいるところには必ず仏がいる、と励ましてくれています。

そして、すべての仏さまは「般若波羅蜜多」という完全な智慧を実践したおかげで、「阿《あ》耨多羅《のくたら》三藐《さんみゃく》三《さん》菩提《ぼだい》」の境地に至ることができたといいます。

「阿耨多羅三藐三菩提」とは、梵語の「アヌッタラ（無上の）・サミャク（正しい）・サンボーディ（悟り）」（無上正等覚《むじょうしょうとうがく》）を音写した言葉。深遠な境地を伝え損ねることがないよう、あえて翻訳されていません。

この上なく完全な悟りとは？

翻訳することもはばかられるほど深遠な境地。これをどのように想像されるでしょうか。

フラれたと思ってあきらめていた恋人から連絡がきた、どうにもならないと思っていた病気が治った、社運をかけた商談がうまくいったなど、私たちの日常生活では、この上なく嬉しく思えることがありますが、それさえ比較にならないほど嬉しく幸せな状態だろうと想像できそうです。

日常生活の「この上なく嬉しい」という事実はそのとき、その人にとっての最高の喜びです。一方、空の視野からの最高の喜びは、世界のどこから見ても、誰にとっても不変なのです。

このような「阿耨多羅三藐三菩提」の境地には、ほとんどの人が、いまだ到達できていません。その境地に到達できる日が大変待ち遠しいです。

唱えてみる 第9段

真言を唱えることが幸せにつながる

故《こー》知《ちー》般《はん》若《にゃー》波《はー》羅《らー》蜜《みー》多《たー》

是《ぜー》大《だい》神《じん》咒《しゅー》　是《ぜー》大《だい》明《みょう》咒《しゅー》

是《ぜー》無《むー》上《じょう》呪《しゅー》　是《ぜー》無《むー》等《とう》等《どう》呪《しゅー》

能《のう》除《じょー》一《いっ》切《さい》苦《くー》　真《しん》実《じつ》不《ふー》虚《こー》

故《こー》説《せつ》般《はん》若《にゃー》波《はー》羅《らー》蜜《みー》多《たー》咒《しゅー》

即《そく》説《せっ》呪《しゅー》曰《わっ》

ゆえに知るべきです。般若波羅蜜多という智慧の完成とは大神咒であり、大明咒であり、無上呪であり、等しきもののない呪であることを。この真言は、よく一切の苦しみを除き、真実にして効験があります。よってここに般若波羅蜜多の真言を授けます。すなわち真言を説いていわく

ここでいよいよ「般若波羅蜜多」の正体の核心に迫ります。観音さまは「般若波羅蜜多」を「真言」という四つの側面の呪文（呪《しゅ》）で説明しています。つまり般若波羅蜜多は、「大神《だいじん》呪《しゅ》（大いなる神秘の言葉）」、「大明呪《だいみょうしゅ》（功徳をもたらす大いなる言葉）」、「無上呪《むじょうしゅ》（この上なき言葉）」、「無等等呪《むとうどうしゅ》（もはや比類できるものがない深い言葉）」だというのです。

不真実語があふれる世界で

現代社会では真実の言葉を発する機会が少ないように思います。記者会見では保身の言葉を用い、仕事場では商品を売るために飾った言葉を発したり、誰かと誰かを仲違いさせるために二枚舌を使ったり。みな悪意をもった不真実の言葉です。逆に、夫婦間の「怒ってる?」「いや怒ってないよ」という優しい言葉や、褒めて伸ばす言葉、または名作『最後の一葉』の人を励ますための偽りなど、真実とはいえないものの、人のためになる気遣いの言葉もあります。

このように世の中には良い悪い含めて「不真実語《ふしんじつご》」があふれていますが、真言は不真実語を越えた人の正直な心や、真理が凝縮された言葉です。言葉というより「声」、または「音」というべき、無限の力が含まれた美しい「響き」なのです。

なにものにもとらわれない空の境地に至るのは容易ではありません。そこで『般若心経』は、理屈や意味を超越した真言を唱えることが「能除一切苦《のうじょいっさいく》　真実《しんじつ》不虚《ふこ》」、すなわち「一切の苦を取り除き、真実にして効験がある」と断じています。そして次に続く最後の言葉へと導いていくのです。

唱えてみる

第10段

悩み苦しみ悲しみを取り除く真言が明らかに

掲《ぎゃー》諦《てー》掲《ぎゃー》諦《てー》　波《はー》羅《らー》掲《ぎゃー》諦《てー》

波《は》羅《ら》僧《そー》掲《ぎゃー》諦《てー》　菩《ぼ》提《じ》娑《そ》婆《わ》訶《か》

般《はん》若《にゃー》心《しーん》経《ぎょーう》

到達せる者よ、到達せる者よ、彼岸に到達せる者よ、彼岸にまったく到達せる者よ、悟れる尊よ、ご嘉納あれ。

ここに智慧の完成の真言（心臓）が終わった。

『般若心経』の最終段、フィナーレにお授けされるのが、インドで「ガテー、ガテー、パーラガテー、パーラサンガテー、ボーディ、スワーハー」と言う真言です。これこそが『般若心経』の智慧の本体で、これを唱えることにより、すべての苦しみや迷いが取り除かれるといわれています。

　言葉の響きと多意を大切にする神聖な真言のゆえに、漢字の音写による表記となっています。これを翻訳することは、絵や音楽を文字で伝えるようなものですが、あえて翻訳されることもあります。

般若菩薩の世界へ

　人は誰もが悩み苦しみ悲しみをもち、失敗や後悔を経験し、その隙間に見え隠れする小さな幸せを感じながら必死で生きています。そして未来には、もっともっと大きな幸せを感じられる人間になれるよう努力しています。

「到達せる者よ」という呼びかけは、般若の境地のそのものの仏母・般若菩薩に捧げられています。仏母にすがり、幸せになりたいと願う人々が、心臓が鼓動を打ち続けるようにひたすら真言を繰り返す姿が感じられます。そして最後に「ご嘉納あれ」と、真言や読経、供物を捧げ、努力の決意と感謝を示しているようにも思えます。

　空海は「真言は不思議なり、一字に千里を含む」と、悟りのすべてが真言の響きにたたみ込まれていると説いています。

苦悩や願いは千人千通り、万人向けの特効薬となる「教え」は存在しません。しかし真言は、人それぞれがもつ複雑な心をすべて受け入れ、悟りの境地に向かわせ、人を成長させる力をもっています。

　それこそが一切の苦を除く『般若心経』の「智慧」といえるのではないでしょうか。

　そして最後に登場するのは「般若心経」の四文字。インドではお経のタイトルを最後に記します。

　この「般若心経」という響きに、みなさんはどんな思いを託すでしょうか。『般若心経』はいつでも私たちを応援してくれています。

第4章

『般若心経』を書いてみよう！

さまざまなご利益を
もたらすとともに、
健康促進にも効果があると
いわれている写経。
この章では『般若心経』の
写経を行ないます。
私のひと言法話を読みながら、
和田先生の美しいお手本を
参考にして一行ずつ
書き進めていってください。
『般若心経』の教えを
心身で体得できます。

＊本書の手本文字は伝統的な書き文字をもとにして書かれています。

書いてみる準備①

写経にはどんな道具が必要なの？

『般若心経』は、古くから多くの人々に書き写されてきました。

もともと写経は、仏教の教えを学んだり、布教を行なったりするためになされてきましたが、やがて祈りや願いを込めて書き写されるようになりました。中世、戦乱や疫病で社会が乱れたときには、当時の天皇自らが『般若心経』を書き写して、お寺に奉納したという記録が残っています。

また近年では、多くの認知症予防法のなかで、写経の効果がもっとも高いと認められたという実験結果もあり、写経が新しい健康促進方法としてもクローズアップされているのです。

お手本と写経用紙が必須

では、写経はどのようにすればよいのでしょうか。

まず写経の道具については、お手本と写経用紙が欠かせません。最初は本書のお手本と練習ページを使っていただくのがいいでしょう。

練習ページをコピーすれば何度でも繰り返し使っていただけます。

次に書道用具一式を用意してください。筆は細かい字でも書きやすいように、穂が短くて細い小筆（細筆）がおすすめです。毛筆を準備するのが大変という人は、筆ペンでも大丈夫です。

毛筆が苦手ならば、ボールペンや鉛筆などの硬筆を使いましょう。どんな道具であっても、写経はできます。

なお、写経の道具は文房具店や各宗派の本山、インターネット通販などでも手に入れることができます。

毛筆の道具

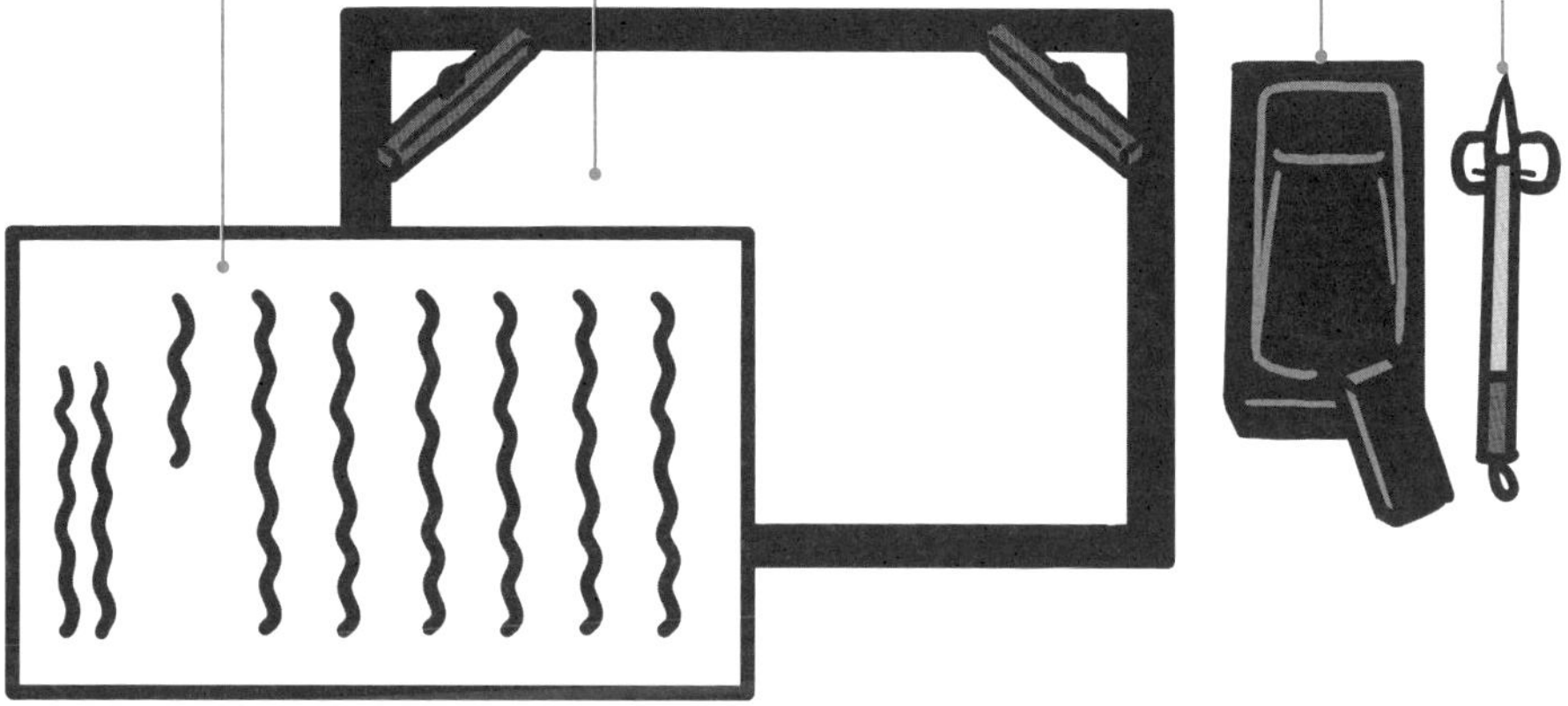
写経用紙の横にお手本を置き、
よく見ながら書く
硯は小型のものがおすすめ。
墨汁でもOK
細い字を書くのに
適した小筆。
穂が短く細い

写経の姿勢

正座をして、
上体をやや前に傾ける
右から左に書き進めて
いくと書く位置が少し
ずつ左にずれていくた
め、机の中央に対して、
やや左寄りに座る
適当な高さの
机の上に必要
な用具を置く

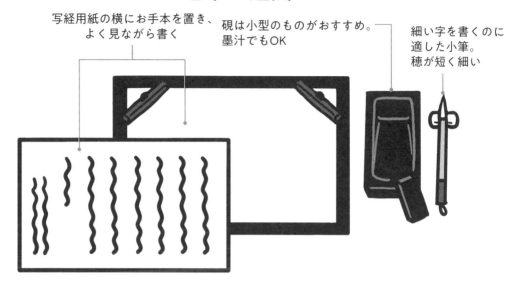

書いてみる

準備②

写経の作法を身につける

道具がそろったら、さっそく写経を始めましょう。

まず手を洗い、口をすすいで、自らを浄《きよ》めます。

次に自宅のもっとも落ち着く場所を選び、軽く掃除をして空間を浄めます。お香《こう》を焚《た》くと、心身をリラックスさせられるのでおすすめです。

道具は適当な高さの机の上に並べます。読経・写経専用の経机というものもありますが、使い慣れた机でかまいません。道具の並べ方は、59ページの図を参考にしてください。

力を抜いて丁寧に書く

これで準備が整いました。机の前に正座して姿勢を正し、呼吸を整えましょう。正座でなく椅子に座って写経する場合は、少し浅めに腰掛けます。

合掌《がっしょう》して『般若心経』を読経したら、いよいよ書き始めます。肩や腕、指先の力を抜き、丁寧に書き進めます。

疲れたら、筆記具を置いて深呼吸するとリラックスできます。

書き終えたら、その部分を唱えて終了とします。

写経の流れ

❶**身を浄める：**手や口をすすぎ、写経場所を軽く掃除する

❷**道具を並べる：**机の上にお手本や道具類を置く

❸**読経する：**合掌して『般若心経』の読経を行なう

❹**写経する：**お手本を見ながら丁寧に書き写す

❺**読み返す：**その日に写経した部分を読んで終了する

『般若心経』写経の注意点

タイトルは正式な名称を書く

『般若心経』の場合、
本文は1行17字でそろえる

1行目はあけて2行目から書き始める

仏説摩訶般若波羅蜜多心経
観自在菩薩行深般若波羅蜜多時照見五
蘊皆空度一切苦厄舎利子色不異空空不
異色色即是空空即是色受想行識亦復如
是舎利子是諸法空相不生不滅不垢不浄
不増不減是故空中無色無受想行識無眼
耳鼻舌身意無色声香味触法無眼界乃至
無意識界無無明赤・無無明尽乃至無老死
亦無老死尽無苦集滅道無智亦無得以無
所得故菩提薩埵依般若波羅蜜多故心無
罣礙無罣礙故無有恐怖遠離一切顛倒夢

亦　間違った場合、誤字の横に点を打ち、
欄外に正しい字を書く

呪文（真言）の前で改行。
真言は1行におさめる

想究竟涅槃三世諸仏依般若波羅蜜多故
得阿耨多羅三藐三菩提故知般若波羅蜜
多是大神咒是大明咒是無上咒是無等等
咒能除一切苦真実不虚故説般若波羅蜜
多咒即説咒曰
掲諦掲諦波羅掲諦波羅僧掲諦菩提娑婆訶
般若心経

右為
写経願主
年　月　日

願いを込める場合、「右為」の後に
「家内安全」「学問成就」などと書く

写経をした人の
名前と日付を書く

書いてみる タイトル

仏《ぶっ》説《せつ》摩《ま》訶《か》般《はん》若《にゃ》波《は》羅《ら》蜜《み》多《た》心《しん》経《ぎょう》

仏さまが説かれた、大いなる智慧《ちえ》の完成のための心臓の教え

住職のひと言

お経と歌

歌と同じように、お経にもタイトルがあります。歌のタイトルに歌詞のもっとも伝えたいことが詰め込まれているように、お経のタイトルも、その教えのもっとも重要な部分といえるでしょう。

『般若心経』の展開もまた、最近の歌に似ているように思えます。Aメロには場面設定や登場人物が、Bメロにはこの世の空や無を知ることで幸せが得られるという説明が、サビは外国語で強いメッセージを。そんな歌の形式をイメージしながら、楽しくもありがたい『般若心経』を読み進めてみてください。

●バランスとポイント●

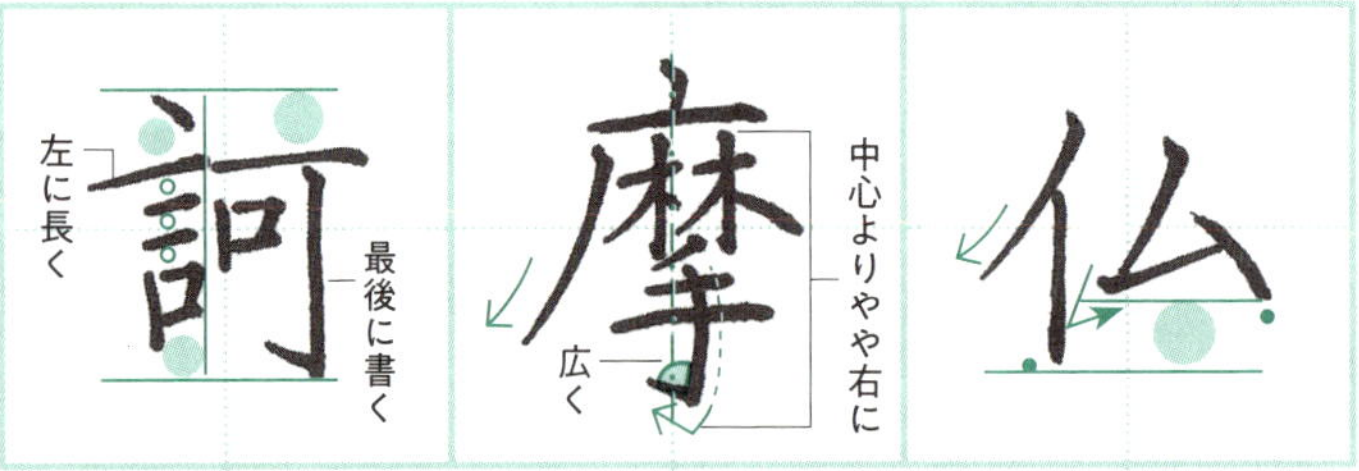

【記号の見方】
・＝とめる（または一旦とまる）　＝はねる　＝払う　＝折る　＝反る・丸く
＝方向に注意　空きに注意　○＝等しく空ける　○＝広く空ける　—＝外形線　数字＝筆順

ボールペンや鉛筆で書いてみよう

仏説摩訶般若波羅蜜多心経

仏説摩訶般若波羅蜜多心経

筆や筆ペンで書いてみよう

仏説摩訶般若波羅蜜多心経

仏説摩訶般若波羅蜜多心経

書いてみる 第1段1行目

観《かん》自《じ》在《ざい》菩《ぼ》薩《さ》

観音《かんのん》さまは

住職のひと言

悩みには観察力で

私たちの悩み苦しみ悲しみを自在に観察し救ってくださる観音さまは、まるで病状に応じて薬や治療を処方してくれるお医者さんのようです。

そんな観察力にすぐれた観音さまだからこそ、気づくことができた悟りの境地が、『般若心経』に説かれています。

私たちも行き詰まったときには観察が大事です。人間性や物事を偏《かたよ》りなく複数の側面から観察し、今まで気づかなかった面を見出し、さらにほかにも価値を見出すことで柔軟に生きることができるのです。

バランスとポイント

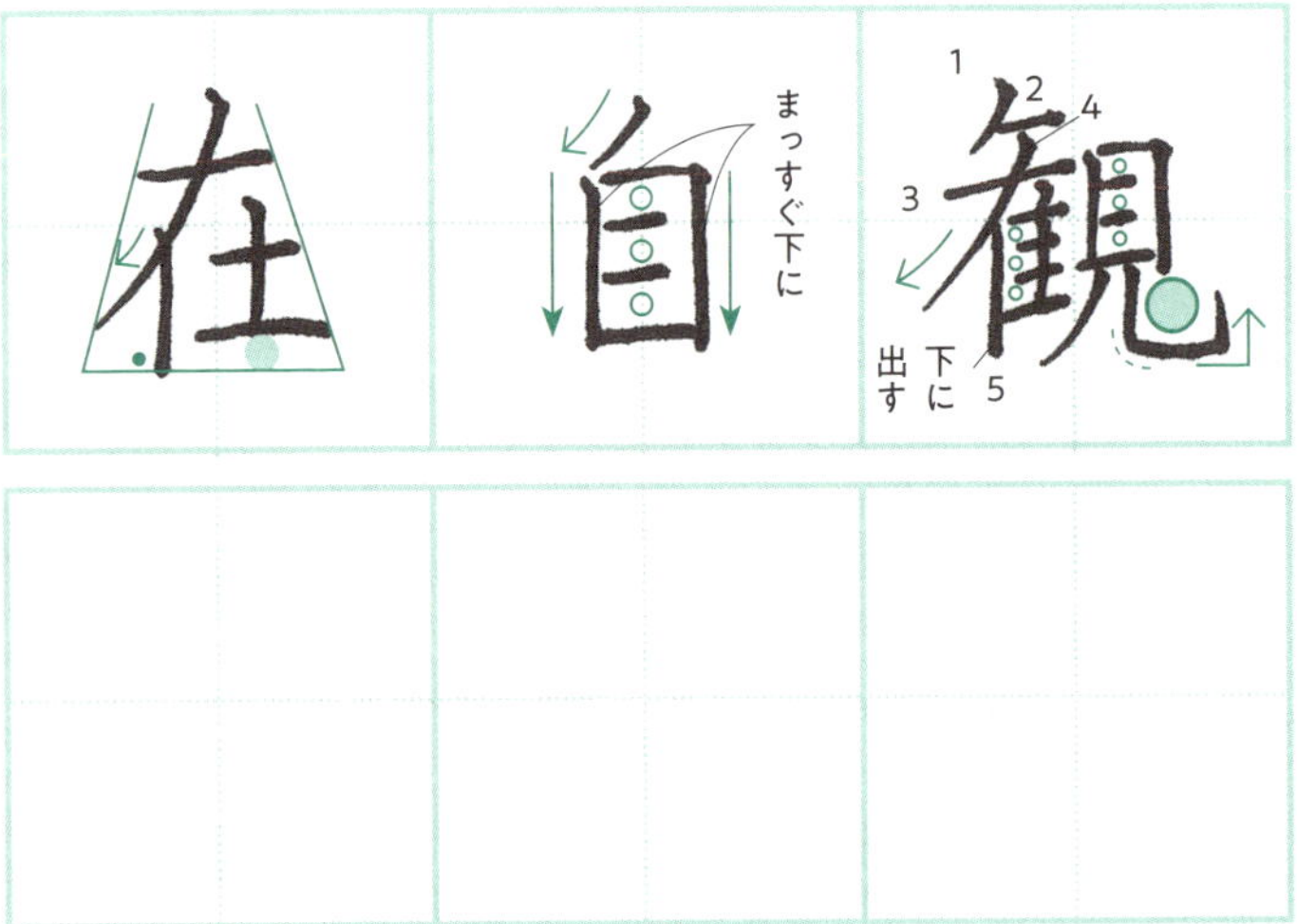

【記号の見方】

・＝とめる（または一旦とまる）　＝はねる　＝払う　＝折る　＝反る・丸く
＝方向に注意　空きに注意　○＝等しく空ける　○＝広く空ける　―＝外形線　数字＝筆順

ボールペンや鉛筆で書いてみよう

観自在菩薩

観自在菩薩

筆や筆ペンで書いてみよう

観自在菩薩

観自在菩薩

書いてみる

第1段 2行目

行《ぎょう》深《じん》般《はん》若《にゃ》波《は》羅《ら》蜜《み》多《た》時《じ》

深遠な智慧の完成という修行をしていたとき

住職のひと言

「知恵」を「智慧」にするために

「いじめはいけませんよ」といわれて、「先生、わかりました」というだけが「知恵」。教室で実際にいじめが起きたときに、「いじめられている友だちを助けたい」と思いめぐらし、「おい、やめようよ」といえるのが「智慧」。

実行は簡単ではありませんが、この境地に至るために必要なのが、観音さまが行った「六波羅蜜《ろくはらみつ》」という修行です。六波羅蜜とは①布施《ふせ》＝ほどこし、②持戒《じかい》＝反省、③忍辱《にんにく》＝我慢、④精進《しょうじん》＝努力、⑤禅定《ぜんじょう》＝平常心、⑥智慧＝人のためになる仏心《ほとけごころ》の六つで、知識を実践のともなう智慧として生かすために必要な経験です。

●バランスとポイント●

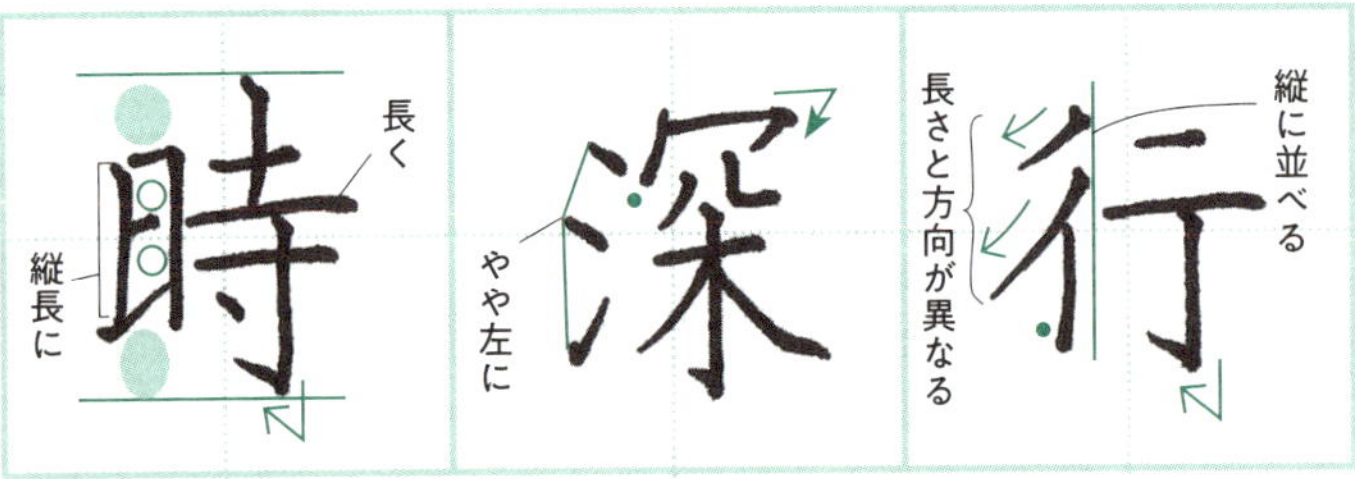

【記号の見方】
・＝とめる（または一旦とまる）　＝はねる　＝払う　＝折る　＝反る・丸く
＝方向に注意　空きに注意　○＝等しく空ける　●＝広く空ける　―＝外形線　数字＝筆順

ボールペンや鉛筆で書いてみよう

行深般若波羅蜜多時

行深般若波羅蜜多時

筆や筆ペンで書いてみよう

行深般若波羅蜜多時

行深般若波羅蜜多時

書いてみる
第1段3行目

照《しょう》見《けん》五《ご》蘊《うん》皆《かい》空《くう》

自分というものは五つの要素から構成されていて、自我ではないと悟られました。そして、その要素の本性は固定的実体のない空だと気づき、

住職のひとこと

「気づき」が幸せへの第一歩

自分とは五蘊《ごうん》である、それらは空《くう》である―― 世の中の法則は、誰も気づかなくても存在し続けています。万有引力のように。喜びや悲しみもまた、気づいたときから喜びや悲しみになります。うまくいっている、と思い込んでいた親子関係などが良い例でしょう。実はうまくいっていなかった。逆に実は好かれていた、など。

身のまわりにあるさまざまな物事を、観音さまのように深く観察し、空だからこそ別の側面に気づくことが問題解決、ひいては幸せになる第一歩なのです。

バランスとポイント

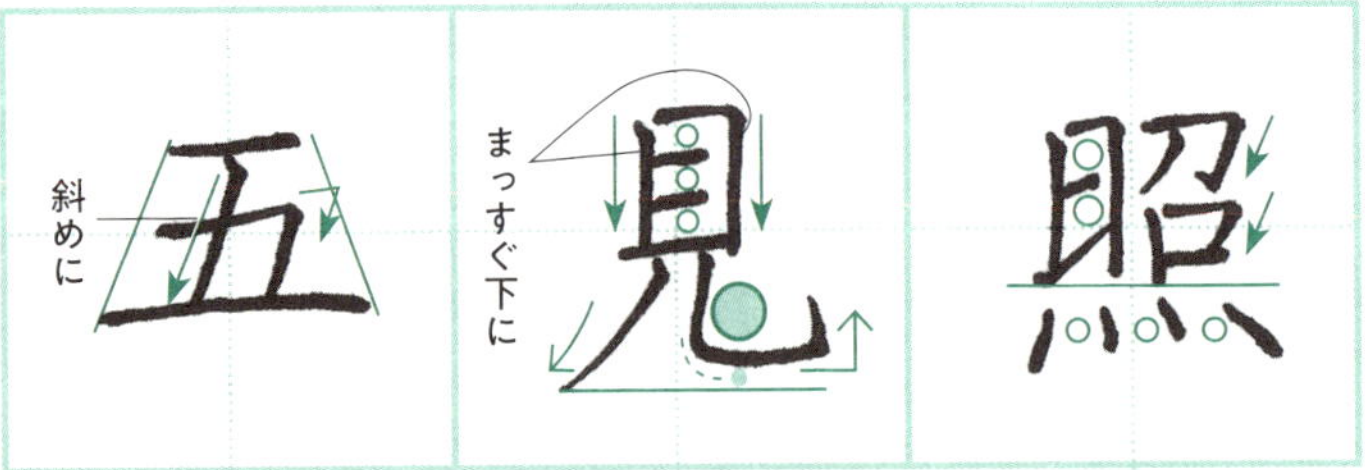

【記号の見方】
・＝とめる（または一旦とまる）　＝はねる　＝払う　＝折る　＝反る・丸く
＝方向に注意　空きに注意　○＝等しく空ける　◎＝広く空ける　―＝外形線　数字＝筆順

ボールペンや鉛筆で書いてみよう

照見五蘊皆空

照見五蘊皆空

筆や筆ペンで書いてみよう

照見五蘊皆空

照見五蘊皆空

書いてみる　第1段 4行目

度《ど》一《いっ》切《さい》苦《く》厄《やく》

すべての苦から救われました。

住職のひと言

苦を引き受けてくれている誰かがいる

一切の苦厄から救われるとは、どういう状態のことでしょうか。受験、対人関係、出世競争、別れなど、さまざまな苦がありますが、「苦がなくなる＝思いどおりになる」ときには、自分以外の誰かが苦を引き受けてくれていることが多いのです。

たとえば妥協してくれていたり、犠牲になっていたり、悔しい思いをしていたり。つまり、真に苦から救われる理想の状態とは、各自が目先の苦から逃れることではなく、すべての人が、苦を幸せに変える観察力を深めることから生まれるのです。

●バランスとポイント●

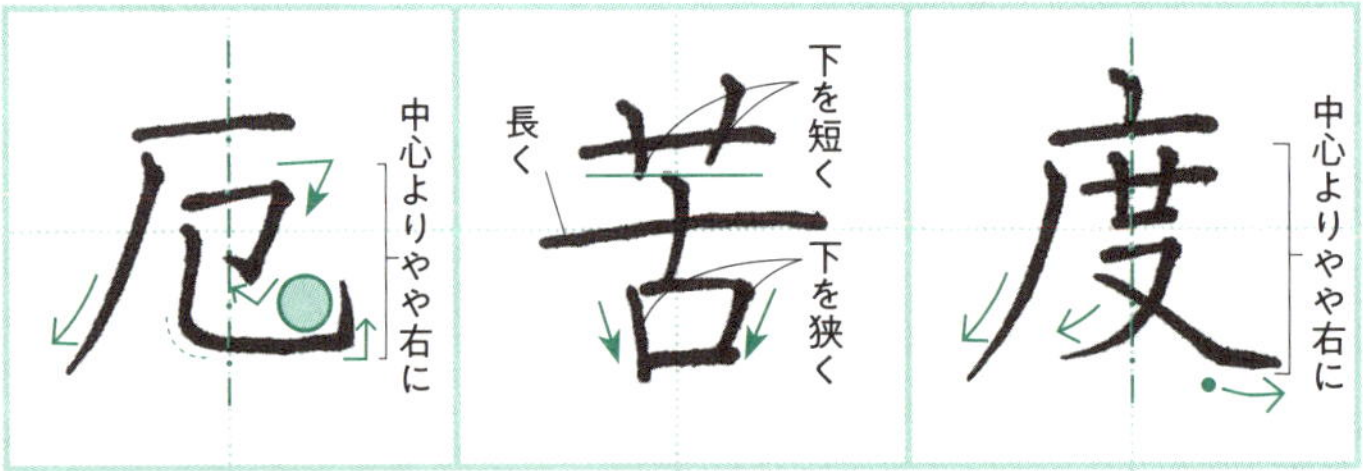

【記号の見方】
・＝とめる（または一旦とまる）　＝はねる　＝払う　＝折る　＝反る・丸く
＝方向に注意　空きに注意　○＝等しく空ける　＝広く空ける　—＝外形線　数字＝筆順

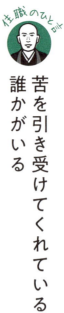

ボールペンや鉛筆で書いてみよう

度一切苦厄

度一切苦厄

筆や筆ペンで書いてみよう

度一切苦厄

度一切苦厄

書いてみる
第2段1行目

舎利子《しゃりし》 色《しき》不《ふ》異《い》空《くう》 空《くう》不《ふ》異《い》色《しき》

舎利子尊者よ、色、つまり形あるモノの本質は、実体がないということにほかなりません。といって、実体がないという条件のなかでモノは存在しています。

住職のひと言

「縁」に依存して生まれかわる

スマホにせよ、人にせよ、多くの部品がさまざまな条件によって集まって、〝今この瞬間〟、何ものにも代えがたく実際に存在しています。

しかし、目の前のスマホを私の6歳の子どもがバラバラに分解したとして、それをまた組み立てても、劣化したりと、まったく同じモノとしては存在しません。それは、誰がどこでどんな道具を使って、というような無数の条件（縁）が異なるからです。

●バランスとポイント●

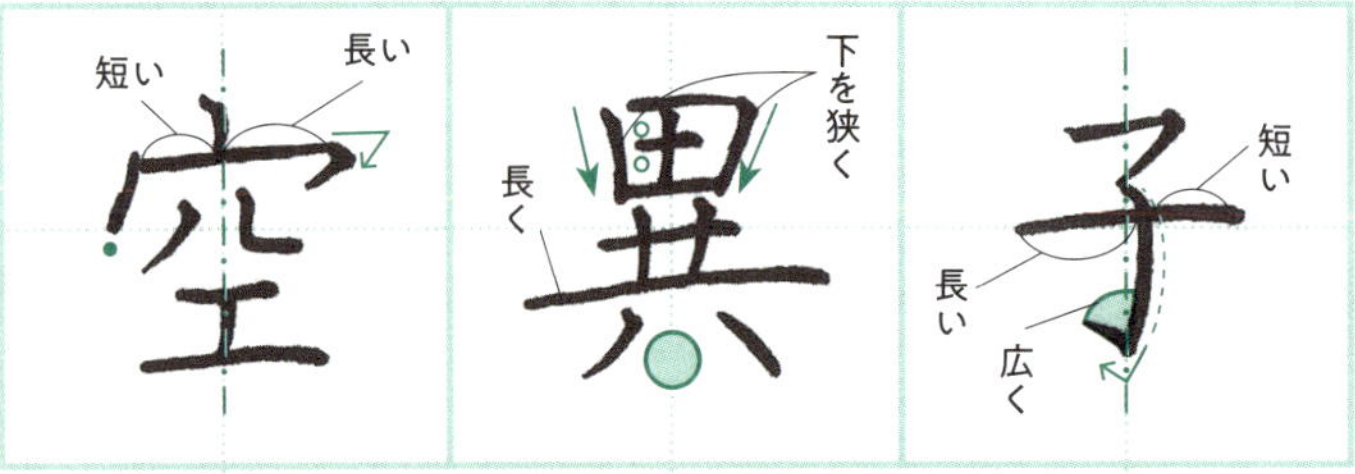

【記号の見方】
・＝とめる（または一旦とまる）　←＝はねる　↙＝払う　↘＝折る　)＝反る・丸く
↓＝方向に注意　●空きに注意　○＝等しく空ける　◎＝広く空ける　―＝外形線　数字＝筆順

ボールペンや鉛筆で書いてみよう

舎利子　色不異空　空不異色

舎利子　色不異空　空不異色

筆や筆ペンで書いてみよう

舎利子　色不異空　空不異色

舎利子　色不異空　空不異色

書いてみる 第2段 2行目

色《しき》即《そく》是《ぜ》空《くう》　空《くう》即《そく》是《ぜ》色《しき》

モノには不変の実体がありませんが、実体がないという条件のもと、たしかにモノは存在しています。

住職のひと言

「空」の意味をひと言で表すと？

漢和辞典で「空」を調べると、『般若心経』の「空」の意味のほかに、①むなしい、②広大な、③内容がない、④からにする、⑤消えてなくなる、⑥そら、⑦すきまなどの意味が出てきます。それらはどれも『般若心経』の「空」を決定づける言葉ではありません。

しかし見方によっては、どの言葉も「固定的実体がない」という意味において、「空」らしさを表すように思われます。

●バランスとポイント●

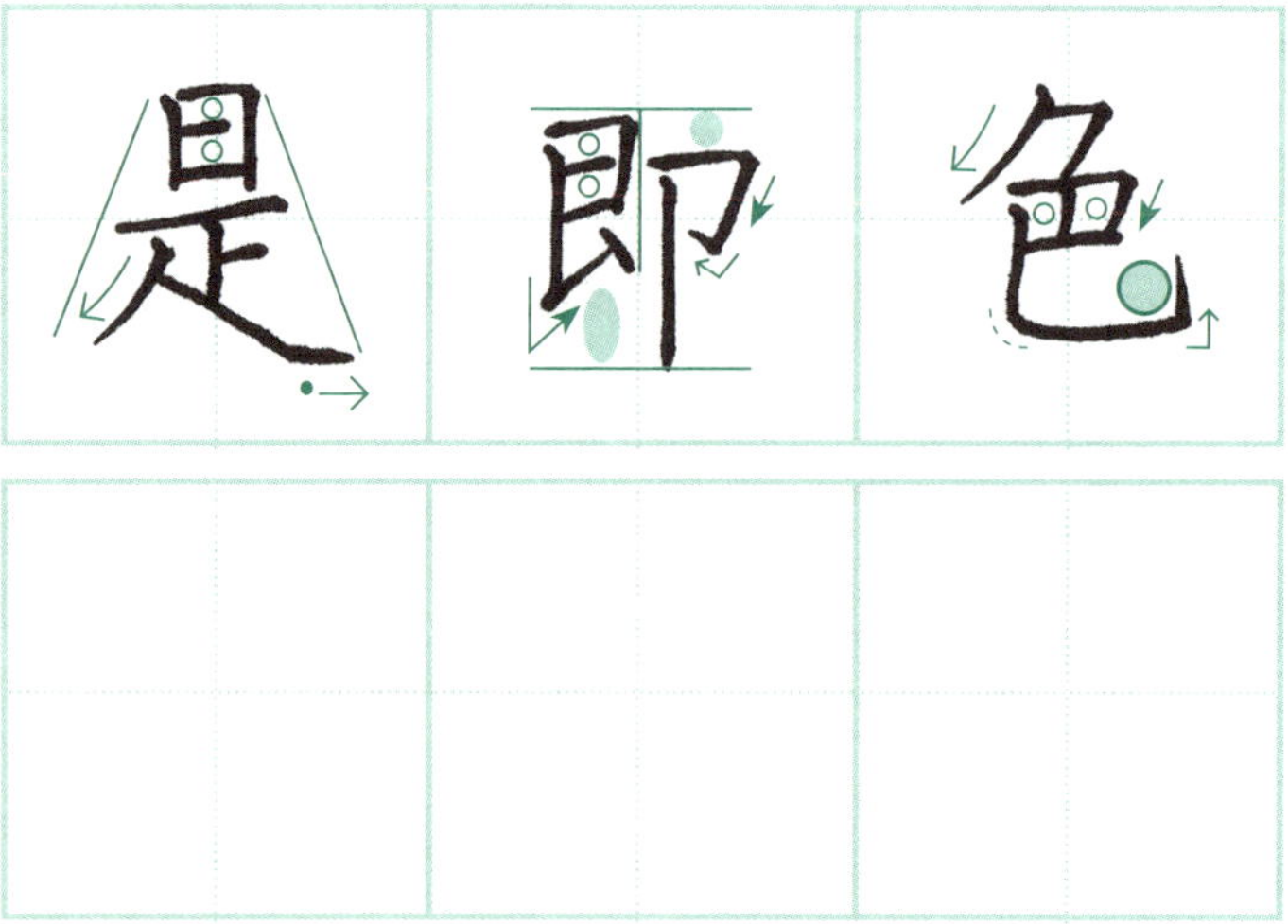

【記号の見方】

・＝とめる（または一旦とまる）　＝はねる　＝払う　＝折る　＝反る・丸く
＝方向に注意　空きに注意　○＝等しく空ける　◎＝広く空ける　―＝外形線　数字＝筆順

ボールペンや鉛筆で書いてみよう

色即是空　空即是色

色即是空　空即是色

筆や筆ペンで書いてみよう

色即是空　空即是色

色即是空　空即是色

書いてみる
第2段 3行目

受想行識《じゅそうぎょうしき》　亦復如是《やくぶにょぜ》

これはモノに限らず、受《じゅ》・想《そう》・行《ぎょう》・識《しき》という心のはたらきにもいえることなのです。

住職のひと言

心は「空」の面をもっている

「空」を「ひとつのモノに無数の側面と価値を見出す」ことと考えれば、空のおかげで「こだわり」を捨てて生きることができそうです。これはモノだけではなく、心のありようも同様です、と説くのがこの「受想行識　亦復如是」という言葉です。

　たとえば「心」。悲しみがときとともに上向いてきたり、何気ない街並みも山頂から眺めれば美しい景色に変わったり。

　時間や距離、観る人によって変幻自在、まさに心は空の面をもっているのです。

●バランスとポイント●

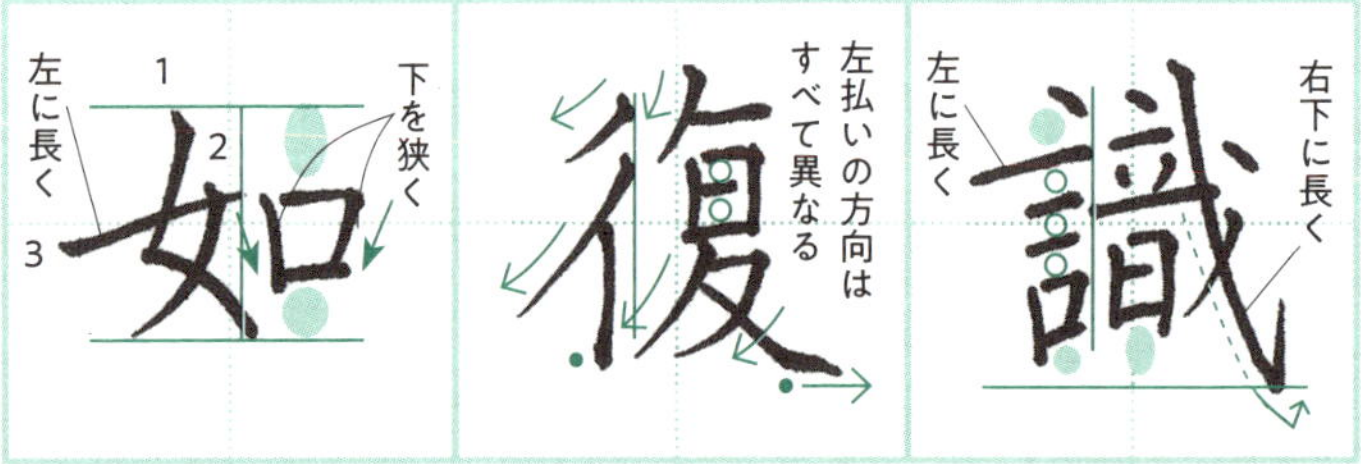

【記号の見方】
・＝とめる（または一旦とまる）　＝はねる　＝払う　＝折る　＝反る・丸く
＝方向に注意　空きに注意　○＝等しく空ける　◎＝広く空ける　―＝外形線　数字＝筆順

ボールペンや鉛筆で書いてみよう

受想行識　亦復如是

受想行識　亦復如是

筆や筆ペンで書いてみよう

受想行識　亦復如是

受想行識　亦復如是

書いてみる 第3段1行目

舎利子《しゃりし》 是諸法空相《ぜしょほうくうそう》

舎利子《しゃりし》尊者よ、この世の存在すべてが空であるという境地になれたなら、

住職のひと言

空は変幻自在なもの

畑に撒かれた一粒の種。やがてたくさんの真っ赤なトマトに育ち、収穫され食卓へ、そして私たちの日々の生産活動のエネルギーになっていきます。また、土に落ちて朽ちたトマトも、次のトマトを生み出す畑を育てます。一粒の小さな種が、さまざまな条件のもと、変幻自在に姿を変える命の営みは、広く果てしなく、いつ終わるともいえません。

「色即是空《しきそくぜくう》」は、種が有形無形に姿を変えていくこと。

そして「空即是色《くうそくぜしき》」は、どの姿においても消えることのない種の命が、そのときどきの姿を生み出すことです。

●バランスとポイント●

【記号の見方】

・＝とめる（または一旦とまる）　＝はねる　＝払う　＝折る　＝反る・丸く

＝方向に注意　空きに注意　○＝等しく空ける　＝広く空ける　―＝外形線　数字＝筆順

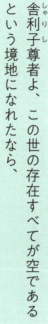

ボールペンや鉛筆で書いてみよう

舎利子　是諸法空相

舎利子　是諸法空相

筆や筆ペンで書いてみよう

舎利子　是諸法空相

舎利子　是諸法空相

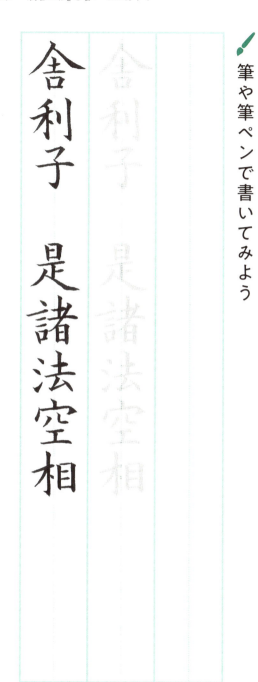

書いてみる
第3段 2行目

不《ふ》生《しょう》不《ふ》滅《めつ》 不《ふ》垢《く》不《ふ》浄《じょう》 不《ふ》増《ぞう》不《ふ》減《げん》

生じることもなく、滅することもなく、汚れもなく、きれいということもなく、減ることもなく、増えることもなく、そのようには存在しないと気づくことができるでしょう。

住職のひと言

この世は一瞬の波

あなたがいま大切にしているもの。若さ、健康、容姿、体力、趣味、生きがい、仕事、家族、恋人、友人、家、車、そして命……。空の境地になればすべて迷わず手放せる、死さえ怖くなくなるというのです。いかがでしょうか。

命とは、そのときの条件によって一瞬生まれた波のようなもの。また形を変えて命の海に還る永遠の営みです。それが「不《ふ》生《しょう》不《ふ》滅《めつ》」の境地なのです。

バランスとポイント

【記号の見方】
・＝とめる(または一旦とまる)　＝はねる　＝払う　＝折る　＝反る・丸く
＝方向に注意　空きに注意　○＝等しく空ける　◎＝広く空ける　―＝外形線　数字＝筆順

ボールペンや鉛筆で書いてみよう

不生不滅　不垢不浄　不増不減

不生不滅　不垢不浄　不増不減

筆や筆ペンで書いてみよう

不生不滅　不垢不浄　不増不減

不生不滅　不垢不浄　不増不減

書いてみる 第4段 1行目

是《ぜ》故《こ》空《くう》中《ちゅう》　無《む》色《しき》無《む》受《じゅ》想《そう》行《ぎょう》識《しき》

空という価値観のなかでは、色や形あるモノもそのようには存在せず、受・想・行・識という心のはたらきもそのようには存在しないのです。

住職のひと言

見る人しだいで万物が宝になる

医《い》王《おう》の目には途《みち》に触れて皆薬なり　解《げ》宝《ほう》の人は鉱《こう》石《しゃく》を宝と見る――これは弘法大師《こうぼうだいし》・空海《くうかい》著の『般若心経秘鍵《ひけん》』に説かれている、見る人によって万物は宝になる、という意味の一文です。ノーベル生理学・医学賞を受賞した大村智先生は、風土病の特効薬の元となった菌を「静岡のゴルフ場の土」から採取しました。一見無価値の土が、大村先生をはじめとする多くの縁を経て宝になった、これはまさに「空」の具現化です。

●バランスとポイント●

【記号の見方】
・＝とめる（または一旦とまる）　＝はねる　＝払う　＝折る　＝反る・丸く
＝方向に注意　空きに注意　○＝等しく空ける　○＝広く空ける　―＝外形線　数字＝筆順

ボールペンや鉛筆で書いてみよう

是故空中　無色無受想行識

是故空中　無色無受想行識

筆や筆ペンで書いてみよう

是故空中　無色無受想行識

是故空中　無色無受想行識

書いてみる
第4段2行目

無《む》眼《げん》耳《に》鼻《び》舌《ぜっ》身《しん》意《に》

眼も耳も鼻も舌も身体も心も実体はなく、

住職のひと言

すべては自分の心が作り出す

心にやましいことがある日は、出会う人の顔は疑いをもっているように見えます。反対に、何かいいことがあって気持ちがいいとき、普段なら怒ってしまう子どもの失敗も、笑って受け止められます。

日々出会う人や物、現象、それ自体には良い悪いも、幸運も災いもなく、自分自身の心が作り出すものだと、空海は「見る人によって万物は宝になる」という言葉で戒《いまし》めています。物事を認識する自身の感覚器官と受けとる角度を美しく保つことで、どんな物事でも自分にとっての幸せに変換できることを、この言葉が教えてくれています。

● バランスとポイント ●

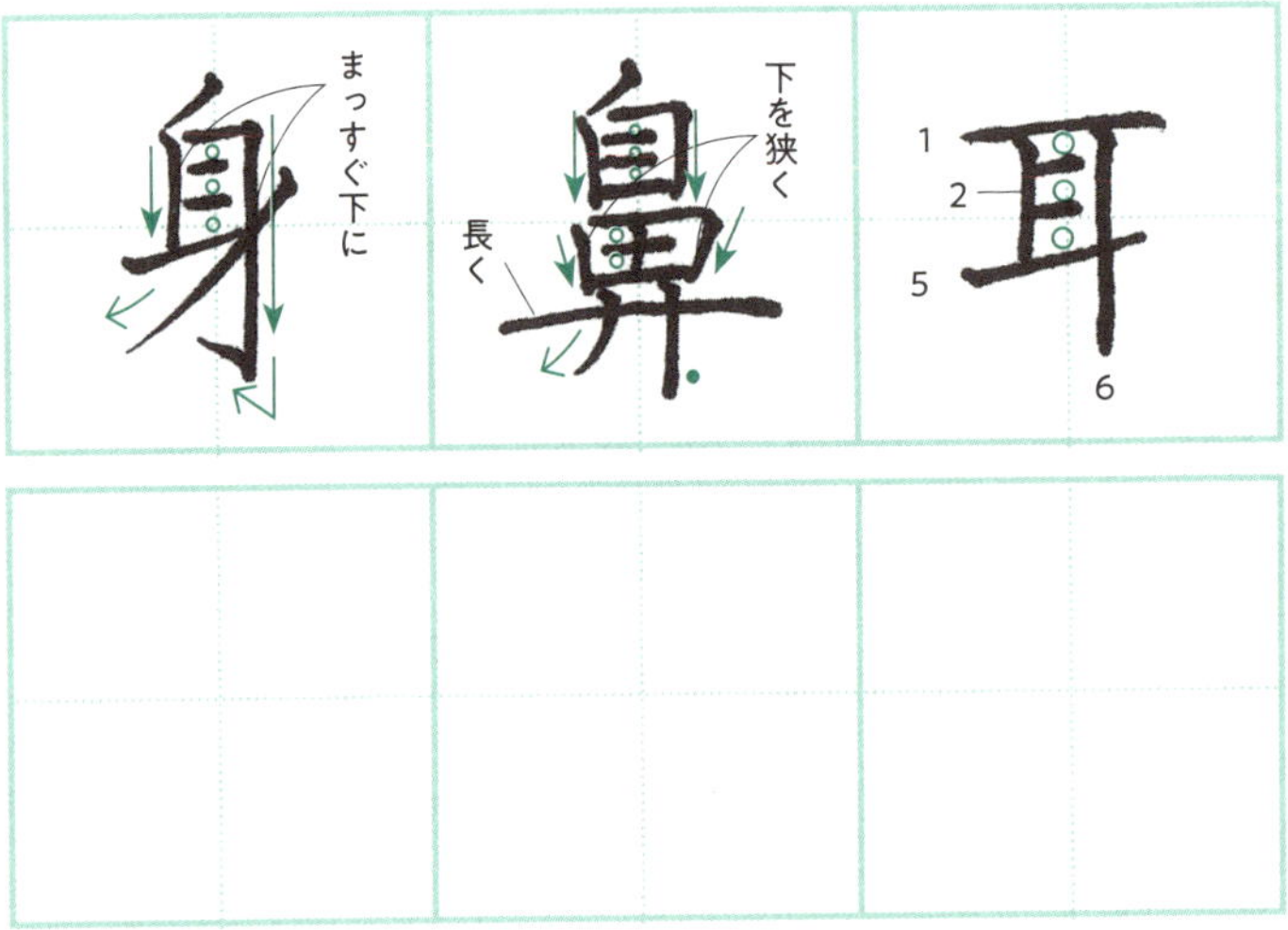

【記号の見方】
・＝とめる（または一旦とまる）　＝はねる　＝払う　＝折る　＝反る・丸く
＝方向に注意　空きに注意　○＝等しく空ける　◎＝広く空ける　―＝外形線　数字＝筆順

ボールペンや鉛筆で書いてみよう

無眼耳鼻舌身意

無眼耳鼻舌身意

筆や筆ペンで書いてみよう

無眼耳鼻舌身意

無眼耳鼻舌身意

書いてみる 第4段 3行目

無《む》色《しき》声《しょう》香《こう》味《み》触《そく》法《ほう》

形も声も香りも味も触れるものも意識するものも実体はありません。

住職のひと言

成長とともに変わる富士山の姿

「大きいなあ、雪がきれいだなあ、高いなあ」

子どもの頃に見た富士山の感想です。それから数十年、さまざまな経験を積み、人生のはかなさや生きている喜びなどを、なんとなく感じられる年齢になりました。そしてあらためて富士山を見ると、無意識に合掌してしまうような瞬間があります。富士山はその姿を昔からずっと変えずにいる。ということは、今の私の心の状態が富士山を拝む対象にしているのです。

お寺で出会う物言わぬ仏像も同様です。仏さまの救いは私たちの心にあるのです。

●バランスとポイント●

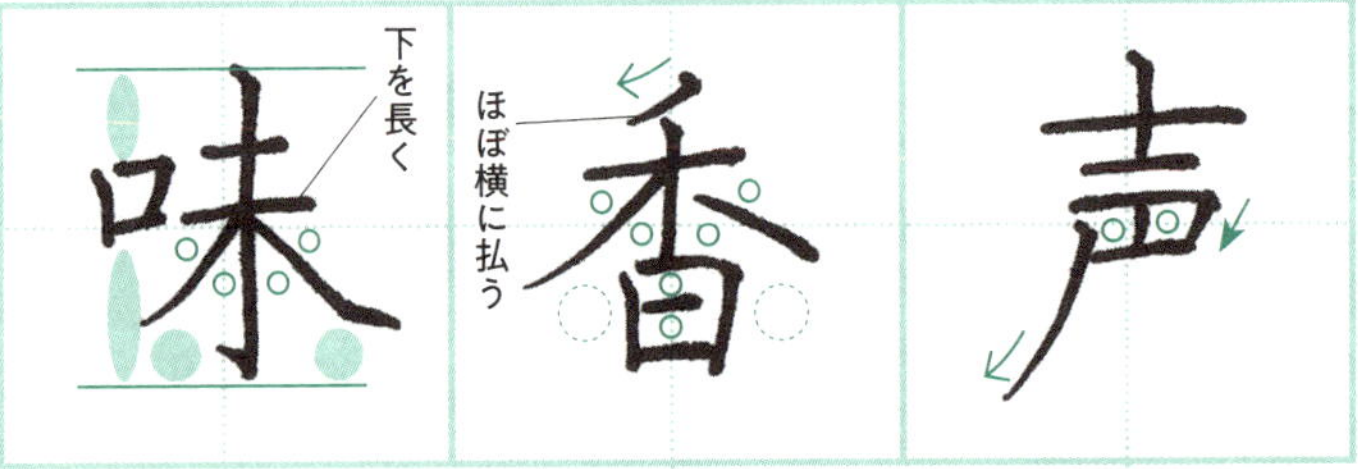

【記号の見方】
・＝とめる（または一旦とまる） ＝はねる ＝払う ＝折る ＝反る・丸く
＝方向に注意 空きに注意 ○＝等しく空ける ●＝広く空ける ―＝外形線 数字＝筆順

ボールペンや鉛筆で書いてみよう

無色声香味触法

無色声香味触法

筆や筆ペンで書いてみよう

無色声香味触法

無色声香味触法

書いてみる　第4段 4行目

無《む》眼《げん》界《かい》　乃《ない》至《し》無《む》意《い》識《しき》界《かい》

感覚器官の営みや認識までもそのようには存在しないのです。

住職のひと言

悩みは成長の証し

大人になって昔を振り返ると、「あの頃はなんでこんな小さなことで悩んでいたんだろう」「なんであんなことを言ってしまったんだろう」と、当時の失敗を思い出し、恥じることがあります。

『般若心経』の空の境地では、そんな恥ずべき悩みや後悔さえも価値があると考えられます。そもそも悩みや苦しみは、いま必死に成長をしようとしている自分が生み出すものでもあります。『般若心経』を唱えていると、そんな私たちを見守り、「あわてなくても大丈夫」と励ましてくれているようにも聞こえてきます。

●バランスとポイント●

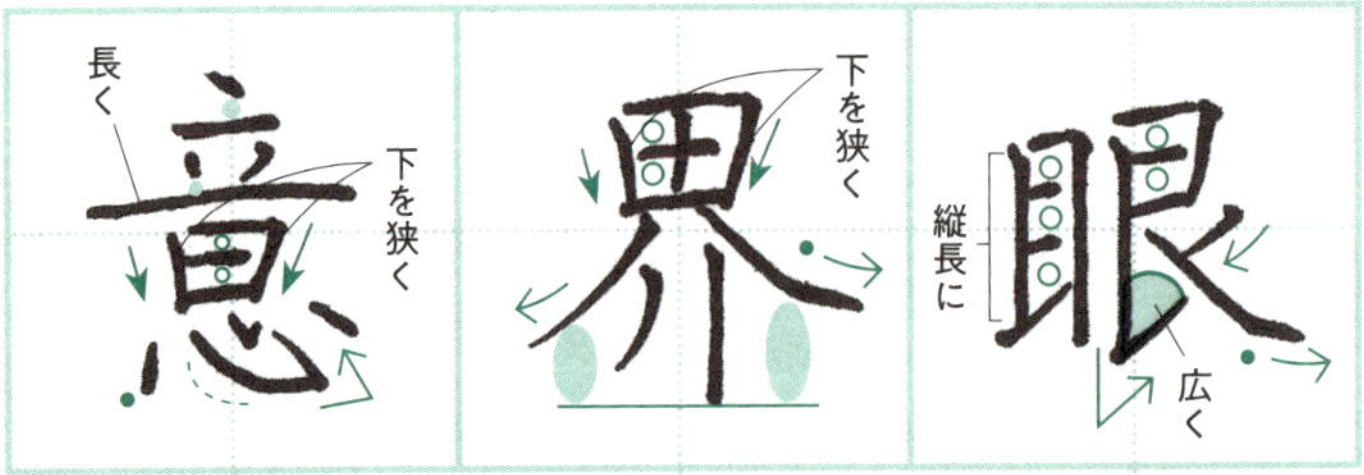

【記号の見方】
・＝とめる（または一旦とまる）　＝はねる　＝払う　＝折る　＝反る・丸く
＝方向に注意　空きに注意　○＝等しく空ける　○＝広く空ける　―＝外形線　数字＝筆順

ボールペンや鉛筆で書いてみよう

無眼界　乃至無意識界

無眼界　乃至無意識界

筆や筆ペンで書いてみよう

無眼界　乃至無意識界

無眼界　乃至無意識界

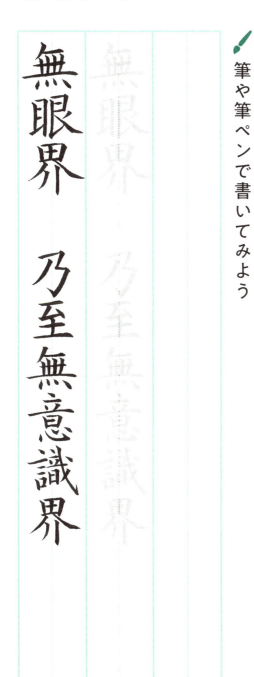

書いてみる
第5段1行目

無《む》無《む》明《みょう》 亦《やく》無《む》無《む》明《みょう》尽《じん》

迷いの根源である無明もそのようには存在せず、無明が尽きることもありません。

住職のひと言

縁切りは未来へのいい種まき

縁切《えんき》り寺へのお参りが増えています。「恋人と別れたい」「仕事をやめたい」など、悩みの原因たる「悪縁」と決別することを俗に「縁切り」と呼んでいます。

出会いや別れなどの条件である「縁」を操作することが、望んだ結果を生むとは限りません。しかし、種を蒔かねば花は咲かないように、「縁」は未来から見れば条件のひとつではなく「原因」です。大切なのは、当面のゴールを目指して、後悔さえ未来の成功の糧に変換するような種まきをして、いいパス（縁）をつなぐ努力をすることです。

●バランスとポイント●

【記号の見方】
・＝とめる（または一旦とまる）　＝はねる　＝払う　＝折る　＝反る・丸く
＝方向に注意　空きに注意　○＝等しく空ける　○＝広く空ける　―＝外形線　数字＝筆順

ボールペンや鉛筆で書いてみよう

無無明　亦無無明尽

無無明　亦無無明尽

筆や筆ペンで書いてみよう

無無明　亦無無明尽

無無明　亦無無明尽

書いてみる
第5段 2行目

乃《ない》至《し》無《む》老《ろう》死《し》 亦《やく》無《む》老《ろう》死《し》尽《じん》

老いも死もそのようには存在せず、老いと死が尽きることもないのです。

住職のひと言

奇跡は日常にある

『広辞苑』によると、奇跡は「常識では考えられない神秘的な出来事」とあります。一方、仏教では無数の縁にこそ目を向けなさいといいます。

たとえば電車をつくり、定時に到着するように動かすためには、無数のかかわり、つながりが必要です。

モノも出来事も、そんな積み重ねの結果として生まれていると思うと、出会うモノすべてが奇跡のように思えませんか。

●バランスとポイント●

【記号の見方】
・＝とめる（または一旦とまる） ＝はねる ＝払う ＝折る ＝反る・丸く
＝方向に注意 空きに注意 ○＝等しく空ける ＝広く空ける ＝外形線 数字＝筆順

ボールペンや鉛筆で書いてみよう

乃至無老死　亦無老死尽

筆や筆ペンで書いてみよう

乃至無老死　亦無老死尽

書いてみる 第9段1行目

無《む》苦《く》集《じゅう》滅《めつ》道《どう》 無《む》智《ち》亦《やく》無《む》得《とく》

お釈迦さまが悟った四つの真理、苦・集・滅・道もそのようには存在しません。智もなく、たしかに得られるものもないのです。

住職のひと言

こだわりを捨てるとは？

「無」とは、存在がない、無要だということではありません。「こだわりを捨てる」ということです。そして大切なのは「どれかひとつを選べ」と固定的になることではなく、「別な方法もある」と柔軟に考えることです。

私たちは作法やしきたりを優先しがちです。焼香《しょうこう》の順番でも、法事を若い世代に託す目的で孫を第一順位にするようなケースが見られます。守るべきことを優先したとき、方法論は自ずと変わってくるでしょう。

●バランスとポイント●

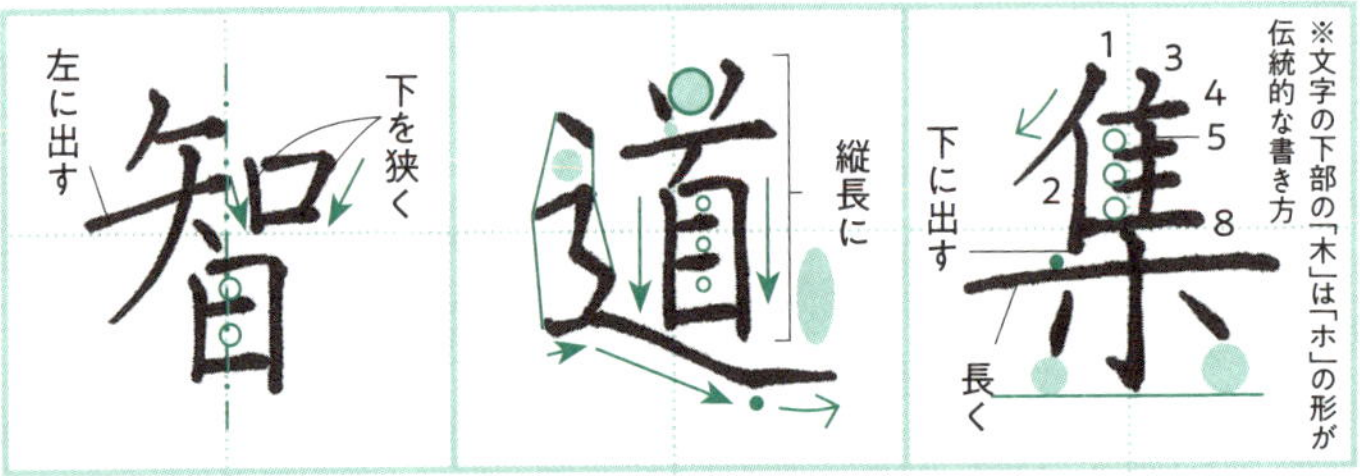

【記号の見方】
・＝とめる（または一旦とまる）　＝はねる　＝払う　＝折る　＝反る・丸く
＝方向に注意　空きに注意　○＝等しく空ける　＝広く空ける　＝外形線　数字＝筆順

ボールペンや鉛筆で書いてみよう

無苦集滅道　無智亦無得

筆や筆ペンで書いてみよう

無苦集滅道　無智亦無得

書いてみる
第6段 2行目

以《い》無《む》所《しょ》得《とっ》故《こ》

得ることができる実体的なものはないからです。

住職のひと言

お釈迦さまの教えでも、いきなり盲信しないこと

お釈迦さまの弟子たちへの遺言は、「よりどころにすべきは私でなく、教えと自分自身である（自灯明《じとうみょう》法灯明《ほうとうみょう》）」でした。さらに教えを手放しで盲信することを戒めています。

お釈迦さまが終始嫌ったのは、極端に偏ることでした。お釈迦さまの教えだからと、「正しいに違いない」といきなり思い込まないこと。たとえば、日々直面する問題に、怒りや自分の都合で立ち向かうことはとても危険です。ひと呼吸置いた冷静な観察や分析で偏らない道を選択できたときに、関係するより多くの人にとっての幸せが得られるのです。

● バランスとポイント ●

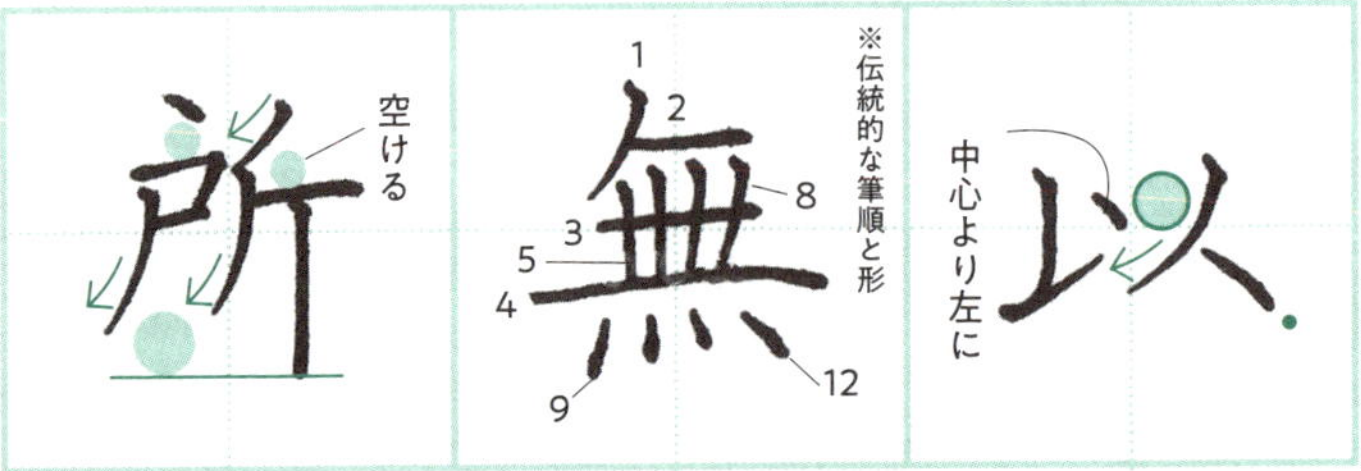

【記号の見方】
・＝とめる（または一旦とまる）　＝はねる　＝払う　＝折る　＝反る・丸く
＝方向に注意　空きに注意　○＝等しく空ける　○＝広く空ける　―＝外形線　数字＝筆順

ボールペンや鉛筆で書いてみよう

以無所得故

以無所得故

筆や筆ペンで書いてみよう

以無所得故

以無所得故

書いてみる

第7段1行目

菩提薩埵《ぼだいさった》 依般若波羅蜜多故《えはんにゃはらみたこ》

菩薩は、智慧の完成の実践（般若波羅蜜多の真言行）によって、

●バランスとポイント●

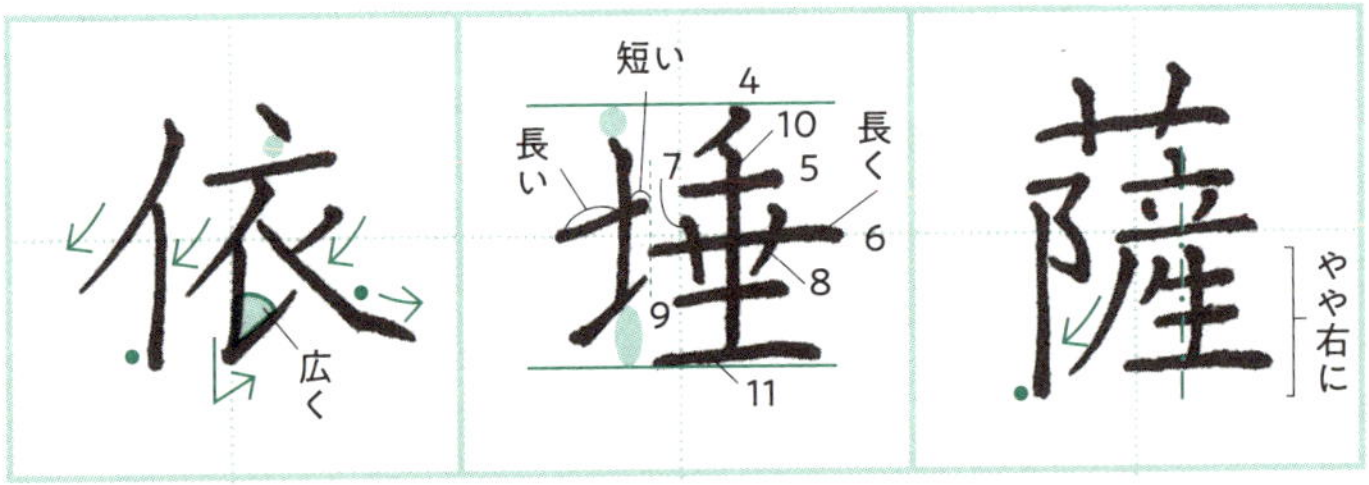

【記号の見方】
・＝とめる（または一旦とまる）　＝はねる　＝払う　＝折る　＝反る・丸く
＝方向に注意　空きに注意　○＝等しく空ける　◎＝広く空ける　―＝外形線　数字＝筆順

住職のひと言

させていただく

般若波羅蜜多とは慈悲《じひ》の修行です。大乗《だいじょう》仏教の菩薩の理念「上求菩提下化衆生《じょうぐぼだいげけしゅじょう》」、すなわち悟りに至るには自分の幸せのためだけでなく、広く人々を助ける動機や活動も必要だという理念がこれに通じます。

福沢諭吉のご母堂は毎日、近所の貧しい女の子のシラミをとることを自分の役割と思っていました。そして、とらせてもらったお礼にご飯まで食べさせていたといいます。「してあげる」ではなく、万人が対等の立場で「させていただく」気持ちをもつこと。慈悲とは、こういったことをいうのかもしれません。

ボールペンや鉛筆で書いてみよう

菩提薩埵　依般若波羅蜜多故

菩提薩埵　依般若波羅蜜多故

筆や筆ペンで書いてみよう

菩提薩埵　依般若波羅蜜多故

菩提薩埵　依般若波羅蜜多故

書いてみる 第7段 2行目

心《しん》無《む》罣《け》礙《げ》 無《む》罣《け》礙《げ》故《こ》 無《む》有《う》恐《く》怖《ふ》

心をさまたげるものがなくなりました。それゆえ心に恐れもなく、

住職のひと言

しなやかな心が不安を除く

人それぞれ千差万別の生き方をするなかで、誰もが十分に目的を達成して悔いなく人生を終えることができるとは限りません。しかし「空」の考えでは、誰もが幸せに人生をまっとうし得るといいます。

それは、人生を山登りにたとえたとき、もし山の中腹で亡くなったとしても、それまで上ってきた道のりにこそ価値を認め、山頂までの残りの途は、別な世界で経験できると思うこともできるからです。

仏教の心強さは、竹のようなしなやかさで、人生に幅広い視野と時間軸をもつところにあるのです。

●バランスとポイント●

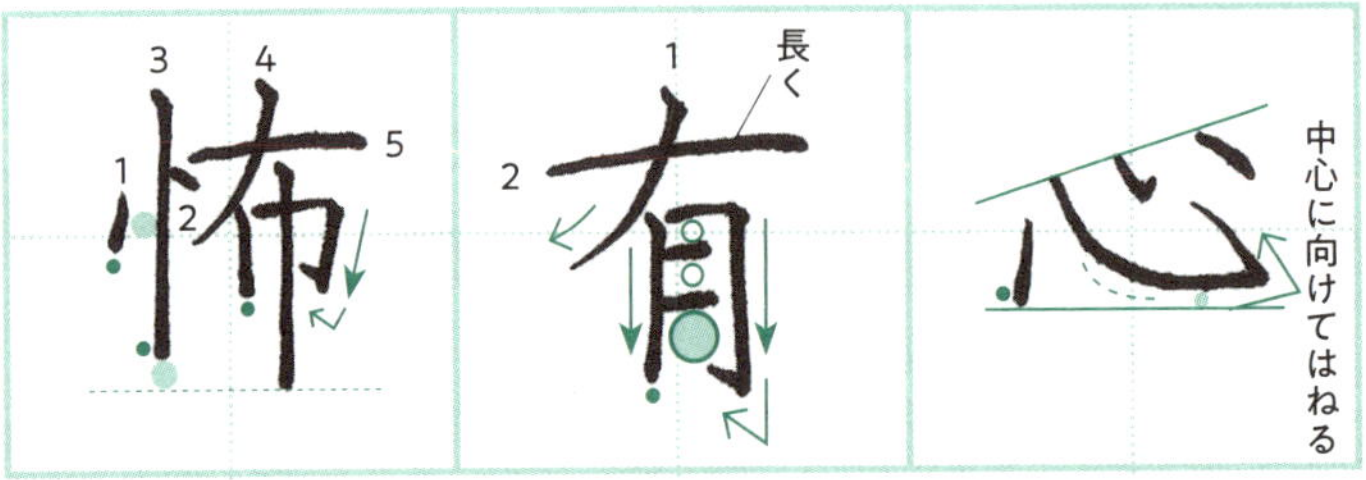

【記号の見方】

・＝とめる（または一旦とまる）　＝はねる　＝払う　＝折る　＝反る・丸く
＝方向に注意　空きに注意　○＝等しく空ける　◎＝広く空ける　―＝外形線　数字＝筆順

ボールペンや鉛筆で書いてみよう

心無罣礙　無罣礙故　無有恐怖

心無罣礙　無罣礙故　無有恐怖

筆や筆ペンで書いてみよう

心無罣礙　無罣礙故　無有恐怖

心無罣礙　無罣礙故　無有恐怖

書いてみる 第7段 3行目

遠《おん》離《り》一《いっ》切《さい》顛《てん》倒《どう》夢《む》想《そう》 究《く》竟《きょう》涅《ね》槃《はん》

一切の偏った妄想を抱くことを遠ざけ、涅槃を究めることができるのです。

住職のひと言

「普通」って何ですか？

およそ世の中には理不尽な考えを押しつけられて、生きづらさを感じている人がたくさんいます。その考えの典型的な例が「普通」ということ。学歴・肩書き至上主義、離婚・未婚・非婚・子どもなし、障害、元気な老人、LGBTなどは、かつて「普通以外」のレッテルを貼られていました。しかし、ここ三〇年ほどで社会は大きく変わり、「普通でない」とレッテルを貼るほうが普通でなくなってきました。

「普通」のボーダーラインへのこだわりから離れることができたとき、本当の幸せは訪れます。

●バランスとポイント●

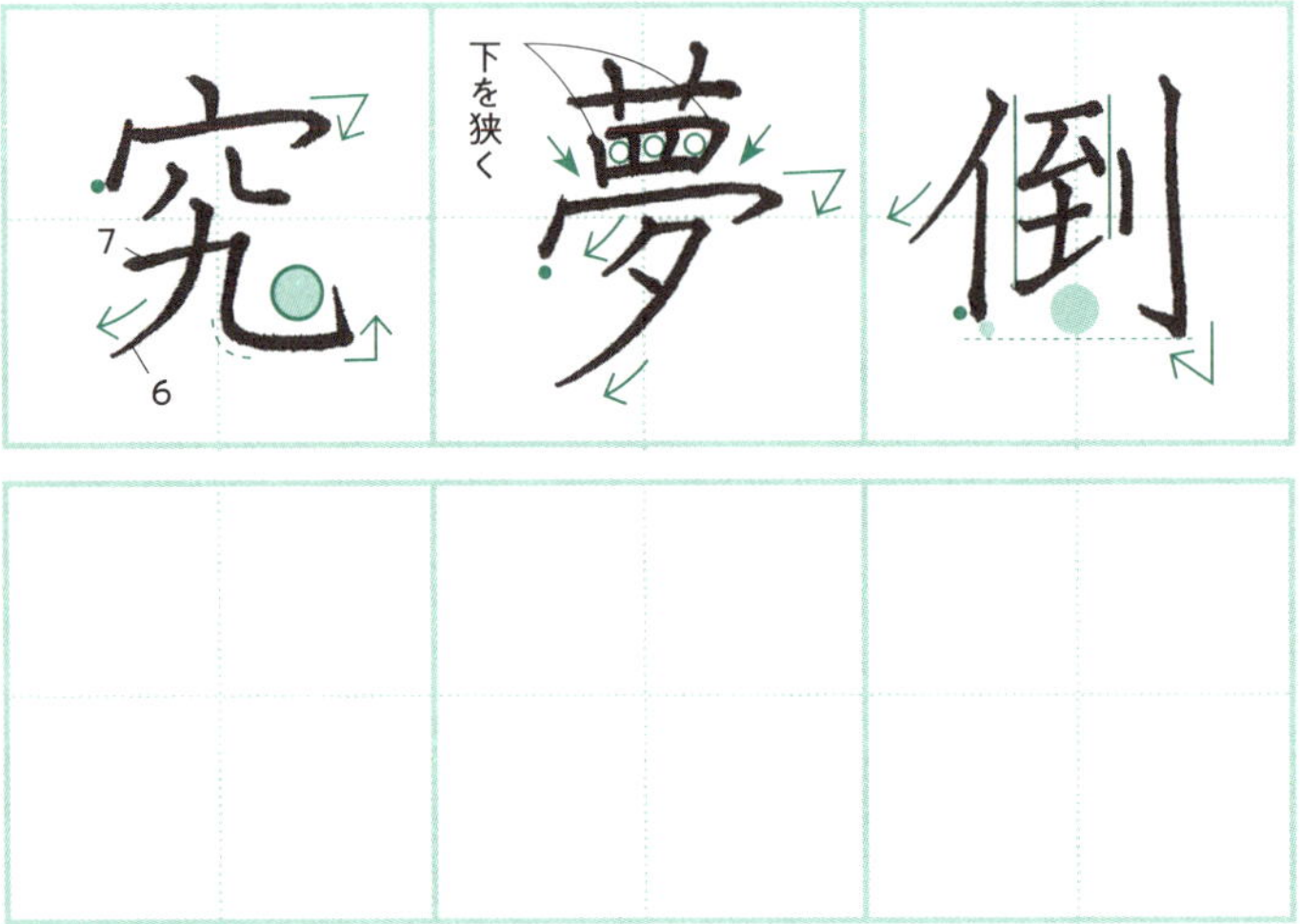

【記号の見方】
・＝とめる（または一旦とまる）　＝はねる　＝払う　＝折る　＝反る・丸く
＝方向に注意　空きに注意　○＝等しく空ける　◎＝広く空ける　―＝外形線　数字＝筆順

ボールペンや鉛筆で書いてみよう

遠離一切顛倒夢想　究竟涅槃

遠離一切顛倒夢想　究竟涅槃

筆や筆ペンで書いてみよう

遠離一切顛倒夢想　究竟涅槃

遠離一切顛倒夢想　究竟涅槃

書いてみる 第8段1行目

三《さん》世《ぜ》諸《しょ》仏《ぶつ》　依《え》般《はん》若《にゃ》波《は》羅《ら》蜜《み》多《た》故《こ》

過去世・現世・未来世の三世の仏さまたちもみな、智慧の完成の実践により、

住職のひと言

慈悲の心が仏を生む

三世の仏さまたちは、慈悲の行ないによって仏さまになりました。身近な慈悲の象徴は「親」です。

「親は毎日一年生」。これはある人が教えてくれた、私が大切にしている言葉です。親は日々子どもに与えられる未知の課題に教えられ、鍛えられ、親としての修行を果たします。その修行のエネルギーは子どもを愛する慈悲にほかなりません。こうして親は親らしい心境になってゆくのです。むろん子どもがなくても、慈悲心に満ちた行いの人は、必ず仏性が芽生え、幸せな境地に到達できると約束されています。

●バランスとポイント●

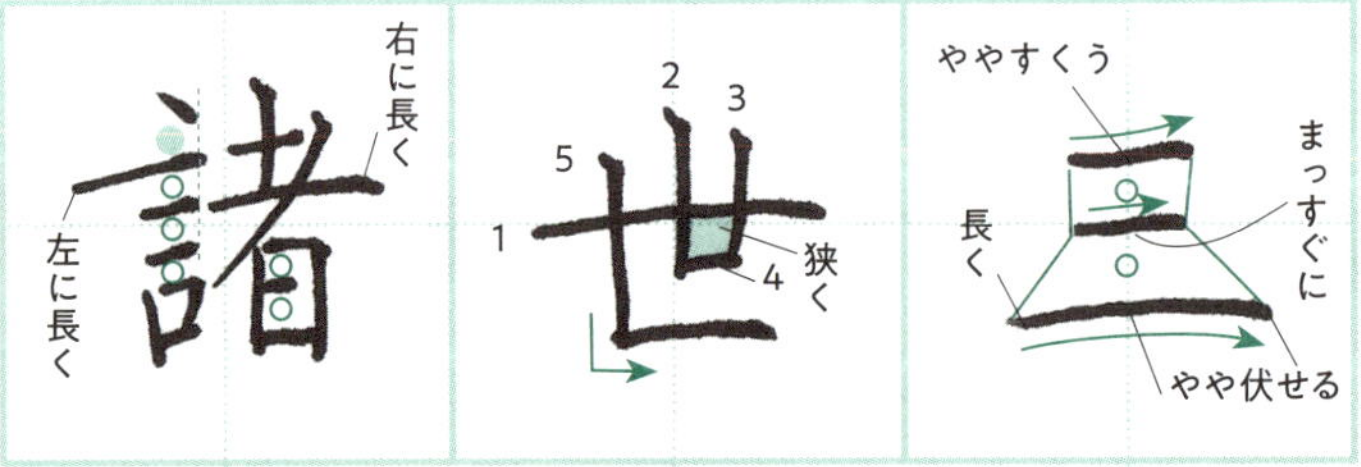

【記号の見方】
・＝とめる（または一旦とまる）　＝はねる　＝払う　＝折る　＝反る・丸く
＝方向に注意　空きに注意　○＝等しく空ける　○＝広く空ける　―＝外形線　数字＝筆順

ボールペンや鉛筆で書いてみよう

三世諸仏　依般若波羅蜜多故

三世諸仏　依般若波羅蜜多故

筆や筆ペンで書いてみよう

三世諸仏　依般若波羅蜜多故

三世諸仏　依般若波羅蜜多故

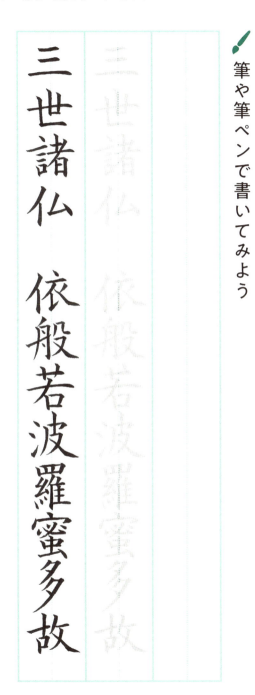

書いてみる
第8段 2行目

得《とく》阿《あ》耨《のく》多《た》羅《ら》三《さん》藐《みゃく》三《さん》菩《ぼ》提《だい》

この上なく完全な悟りを得られました。

住職のひと言

今、無上の喜びを感じたい

『般若心経』は途方もないスケールでの無上《むじょう》の喜びを示しています。一方で毎日の小さな幸せにこそ「無上」を感じる境地も大切です。

「自分はまだ足りない」と常に頂上を見据えて修行生活に励むことも素晴らしい生き方ですが、その一方で、頂上に到達できなかったほうばかりを向いていては後悔が残るでしょう。

諸行《しょぎょう》無常《むじょう》の世の中では、ありふれた毎日のなかで奇跡のような出会いを繰り返しています。それに感謝し、今日の自分の精一杯を称えることができたとき、悔いのない「無上」の喜びを得ることができるのです。

●バランスとポイント●

【記号の見方】
・＝とめる（または一旦とまる）　＝はねる　＝払う　＝折る　＝反る・丸く
＝方向に注意　空きに注意　○＝等しく空ける　◎＝広く空ける　―＝外形線　数字＝筆順

ボールペンや鉛筆で書いてみよう

得阿耨多羅三藐三菩提

得阿耨多羅三藐三菩提

筆や筆ペンで書いてみよう

得阿耨多羅三藐三菩提

得阿耨多羅三藐三菩提

書いてみる
第9段1行目

故《こ》知《ち》般《はん》若《にゃ》波《は》羅《ら》蜜《み》多《た》

ゆえに知るべきです。

住職のひと言

「近くして見がたきは我が心」

近くにありすぎてよく見えないもの、それが自分の心だと空海はいいます。私たちはとかく自分の心の表面を見て、やれ「心の小さい人間だ」やれ「意思の弱い人間だ」などといい、本来の自分の心がもつ無限の価値も見ようとするのが苦手です。

般若波羅蜜多の真言は、そんなあなたの無限の本心を表現するための呪文です。

リンゴを知らない人に、一〇〇の言葉を用いても、その味わいを体感してもらえません。それと同じく、あなたの心の無限の価値は言葉で表現できません。真言にこそ、そのすべてが含まれているのです。

●バランスとポイント●

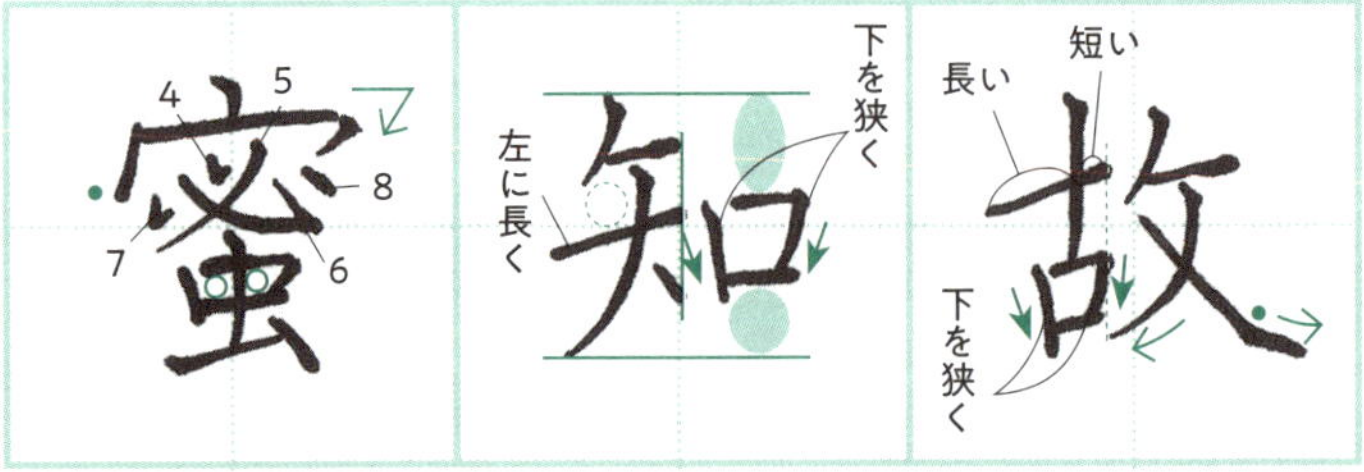

【記号の見方】
・＝とめる（または一旦とまる）　＝はねる　＝払う　＝折る　＝反る・丸く
＝方向に注意　空きに注意　○＝等しく空ける　○＝広く空ける　―＝外形線　数字＝筆順

ボールペンや鉛筆で書いてみよう

故知般若波羅蜜多

故知般若波羅蜜多

筆や筆ペンで書いてみよう

故知般若波羅蜜多

故知般若波羅蜜多

書いてみる 第9段2行目

是《ぜ》大《だい》神《じん》咒《しゅ》 是《ぜ》大《だい》明《みょう》咒《しゅ》

般若波羅蜜多という智慧の完成とは、大神咒であり、大明咒であり、

住職のひと言

呪文は仏の直接説法

ストレスや疲れ、悩みがたまったとき、自然界に身を置くことで心が落ち着くことがありませんか。緑のゆらぐ景色や、風や小川、ひぐらしの声、澄んだ空気の香り……。五感で感じるものには、一〇〇の言葉に勝る力を感じることがあります。

悩みがないときには何も感じなくても、切実に救いを求めようとする心と共鳴すると、森羅万象《しんらばんしょう》は仏さまの説法の声になります。『般若心経』は、言葉では説明し尽くせない真言を唱えることによって、万人に無限の救いを差し伸べようとしているのです。

●バランスとポイント●

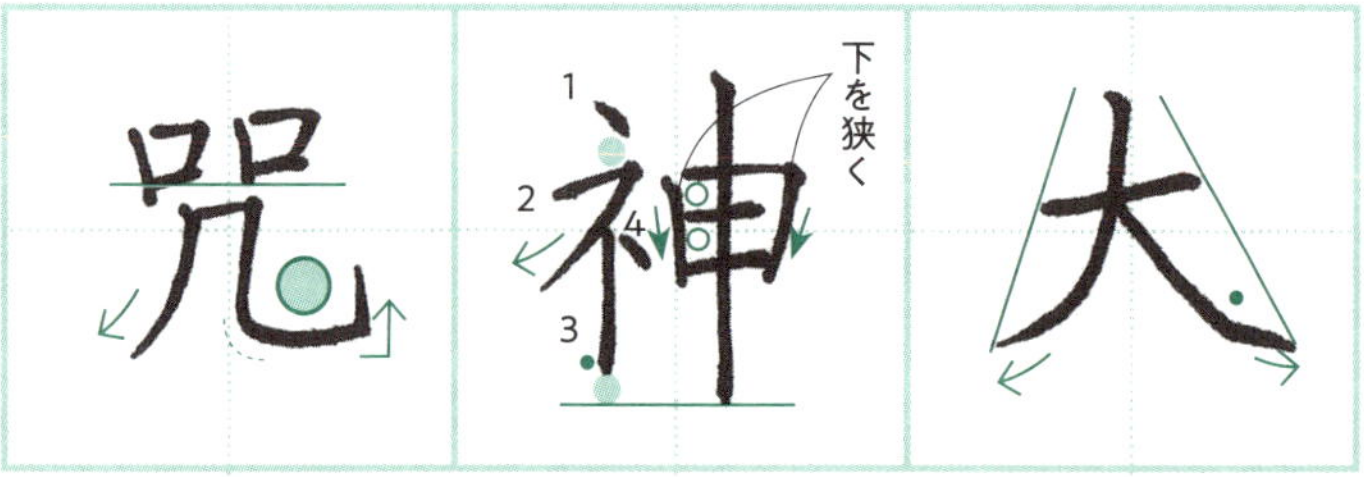

【記号の見方】
・＝とめる（または一旦とまる） ＝はねる ＝払う ＝折る ＝反る・丸く
＝方向に注意 空きに注意 ○＝等しく空ける ＝広く空ける ─＝外形線 数字＝筆順

ボールペンや鉛筆で書いてみよう

是大神咒　是大明咒

是大神咒　是大明咒

筆や筆ペンで書いてみよう

是大神咒　是大明咒

是大神咒　是大明咒

書いてみる 第9段3行目

是《ぜ》無《む》上《じょう》呪《しゅ》　是《ぜ》無《む》等《とう》等《どう》呪《しゅ》

無上呪であり、等しきもののない呪であることを。

住職のひとこと

呪文に成長を感じる

「大神咒」から続く四つの呪文は、訳語を考えずに五感で読んでいただきたい部分です。空海はこの四つの呪文に信者の成長過程を割り当てました。

①声聞《しょうもん》（言葉で理解する人）の真言、②縁覚《えんがく》（独力で悟ろうとする人）の真言、③大乗《だいじょう》（皆で救われるため）の真言、④秘蔵《ひぞう》（この身このままで成仏できる）の真言です。言葉の説法で理解する段階から、真言による成仏（悟り）を得る過程をなぞっています。『般若心経』を読むとき、この四つの呪文に自身が成長していく姿を重ねてみてください。理屈抜きに心が鼓舞されることでしょう。

● バランスとポイント ●

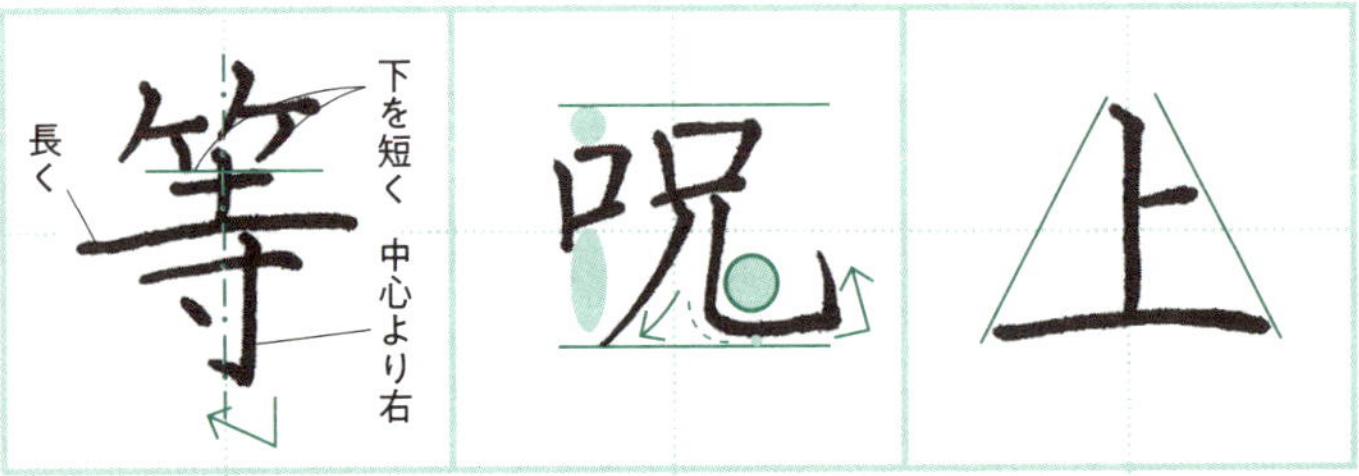

【記号の見方】
・＝とめる（または一旦とまる）　＝はねる　＝払う　＝折る　＝反る・丸く
＝方向に注意　空きに注意　○＝等しく空ける　●＝広く空ける　―＝外形線　数字＝筆順

ボールペンや鉛筆で書いてみよう

是無上呪　是無等等呪

是無上呪　是無等等呪

筆や筆ペンで書いてみよう

是無上呪　是無等等呪

是無上呪　是無等等呪

書いてみる

第9段 4行目

能《のう》除《じょ》一《いっ》切《さい》苦《く》 真《しん》実《じつ》不《ふ》虚《こ》

この真言は、よく一切の苦しみを除き、真実にして効験があります。

●バランスとポイント●

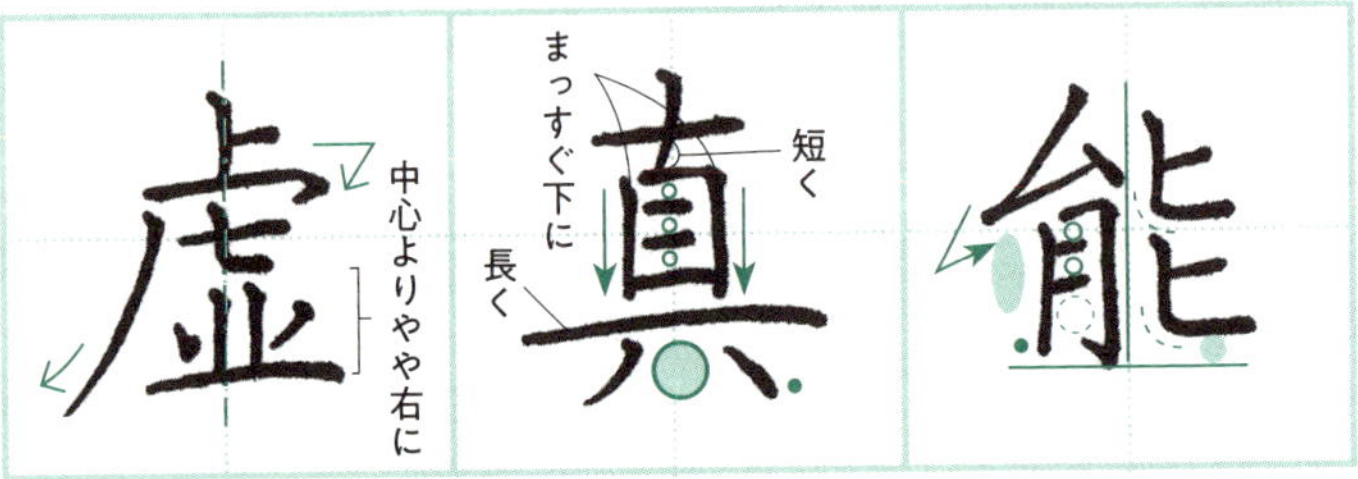

【記号の見方】
・＝とめる（または一旦とまる）　＝はねる　＝払う　＝折る　＝反る・丸く
＝方向に注意　＝空きに注意　○＝等しく空ける　＝広く空ける　―＝外形線　数字＝筆順

住職のひと言

真言は病も治す

お釈迦さま誕生以前の古代インドでは、真言を唱えることで病や痛みを治そうとしていました。何やら前時代的で怪しげなイメージをもたれるかも知れません。しかし、人は古くから心や体の治療に、音や音楽などの「響き」を用いてきた歴史があります。

もともと自然とともに生きるのに適してつくられている私たちの心と体。スマホ、電子音、機械など、さまざまな人工物の波長にさらされている今こそ、自然の波に還る気持ちで繰り返し真言を唱えてみてはいかがでしょうか。

ボールペンや鉛筆で書いてみよう

能除一切苦　真実不虚

能除一切苦　真実不虚

筆や筆ペンで書いてみよう

能除一切苦　真実不虚

能除一切苦　真実不虚

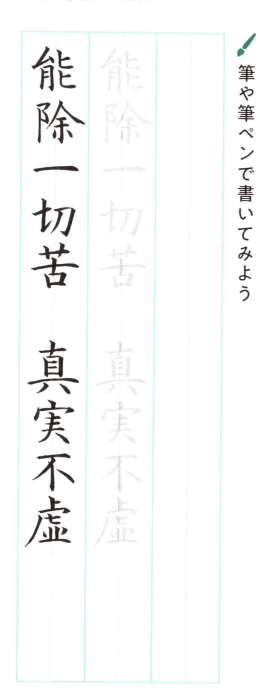

書いてみる 第9段 5行目

故《こ》説《せつ》般《はん》若《にゃ》波《は》羅《ら》蜜《み》多《た》咒《しゅ》 即《そく》説《せっ》呪《しゅ》曰《わつ》

よってここに般若波羅蜜多の真言を授けます。すなわち真言を説いていわく

住職のひと言

とにかく唱えてみよう

ここは、歌でいえば大サビに入る前に「さあ、みんなで歌いましょう」と呼びかけている部分です。『般若心経』は知識だけではありません、という思いが込められた言い回しのように思います。

まず知識でお経を知りたい、この気持ちに至るだけでも充分に価値のあることなのですが、『般若心経』は、実際に真言を唱え、行動し、心を成長させることが悟りに直結することを説くお経です。あらためて『般若心経』そのものが真言であることもイメージして、この一行を読んでみてください。

●バランスとポイント●

【記号の見方】
・＝とめる（または一旦とまる）　＝はねる　＝払う　＝折る　＝反る・丸く
＝方向に注意　空きに注意　○＝等しく空ける　◎＝広く空ける　―＝外形線　数字＝筆順

ボールペンや鉛筆で書いてみよう

故説般若波羅蜜多呪 即説呪曰

故説般若波羅蜜多呪 即説呪曰

筆や筆ペンで書いてみよう

故説般若波羅蜜多呪 即説呪曰

故説般若波羅蜜多呪 即説呪曰

書いてみる
第10段1行目

掲《ぎゃ》諦《てい》掲《ぎゃ》諦《てい》　波《は》羅《ら》掲《ぎゃ》諦《てい》

到達せる者よ、到達せる者よ、彼岸に到達せる者よ、

住職のひと言

音は厄を除く

お寺にはたくさんのありがたい音があります。たとえば梵鐘《ぼんしょう》の音には魔除け、厄払い、悟りに至らしめる効力があるといわれます。また本堂の四隅には、風が吹くと音が鳴る風鐸《ふうたく》という鐘がぶら下がっていることがあります。昔の人は、疫病は風に乗ってやってくると信じていました。風鐸は音によってお寺から疫病という災厄を追い払うためのものです。

仏壇でお鈴を鳴らすのも、仏さまに向き合うとき、心から曇りを除くためのもの。真言は言葉であるとともに音、響きそのものに力を秘めているのです。

●バランスとポイント●

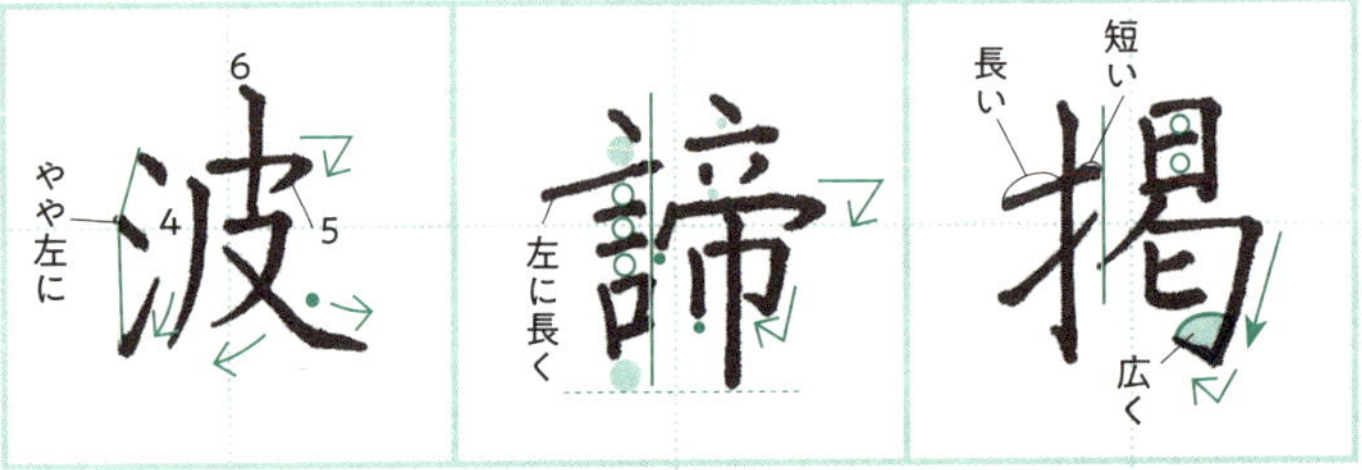

【記号の見方】
・＝とめる（または一旦とまる）　＝はねる　＝払う　＝折る　＝反る・丸く
＝方向に注意　空きに注意　○＝等しく空ける　◎＝広く空ける　—＝外形線　数字＝筆順

ボールペンや鉛筆で書いてみよう

揭諦揭諦　波羅揭諦

揭諦揭諦　波羅揭諦

筆や筆ペンで書いてみよう

揭諦揭諦　波羅揭諦

揭諦揭諦　波羅揭諦

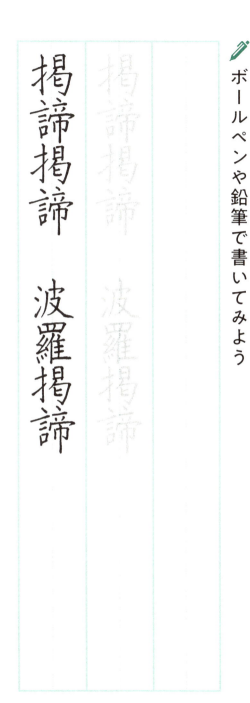

書いてみる

第10段2行目

波《は》羅《ら》僧《そう》掲《ぎゃ》諦《てい》　菩《ぼ》提《じ》娑《そ》婆《わ》訶《か》

彼岸にまったく到達せる者よ、悟れる尊よ、ご嘉納あれ。

住職のひと言

言葉での説明を超えたご利益

真言は不思議なり　観誦《かんじゅ》すれば無明《むみょう》を除く　一字に千里を含み　即身に法如《ほうにょ》を証《しょう》す――これは空海の『般若心経秘鍵』の言葉で、真言の不思議な力をよく表しています。よく観察して唱えれば迷いが晴れ、一文字に含まれる無数の教えが私たちをこの身このままで悟りへ導いてくれるといいます。

本当に苦しいとき、悲しいとき、たくさんの言葉を投げかけられるよりも、ただそばに居てくれる人の存在に救われることがあります。真言の功徳《くどく》（ご利益《りやく》）も言葉での説明を超えたものです。

●バランスとポイント●

【記号の見方】

・＝とめる（または一旦とまる）　＝はねる　＝払う　＝折る　＝反る・丸く

＝方向に注意　空きに注意　○＝等しく空ける　◎＝広く空ける　―＝外形線　数字＝筆順

ボールペンや鉛筆で書いてみよう

波羅僧掲諦　菩提娑婆訶

波羅僧掲諦　菩提娑婆訶

筆や筆ペンで書いてみよう

波羅僧掲諦　菩提娑婆訶

波羅僧掲諦　菩提娑婆訶

書いてみる

第10段 結び

般《はん》若《にゃ》心《しん》経《ぎょう》

ここに智慧の完成の真言（心臓）が終わった。

「虚空《こくう》尽き 衆生《しゅじょう》尽き 涅槃《ねはん》尽きなば 我が願いも尽きなん」

住職のひと言

高野山《こうやさん》に今も生きて人々の幸せを祈り続けている空海の「この世に悩み苦しむ人がいる限り、私の願いは続く」という決意の言葉です。この言葉を別な見方で読むと、「この世から悩み苦しみがなくなることはないのだから、私はいつまでも人々を救い続ける」とも思えます。

空海だけでなく、三世の仏さまたちは「空」という性質によって有形無形《ゆうけいむけい》、さまざまに姿を変えて私たちに寄り添ってくれています。お経の響きもその姿のひとつ。『般若心経』の最後の言葉に、あなたを応援するすべての仏さまの思いが込められています。

●バランスとポイント●

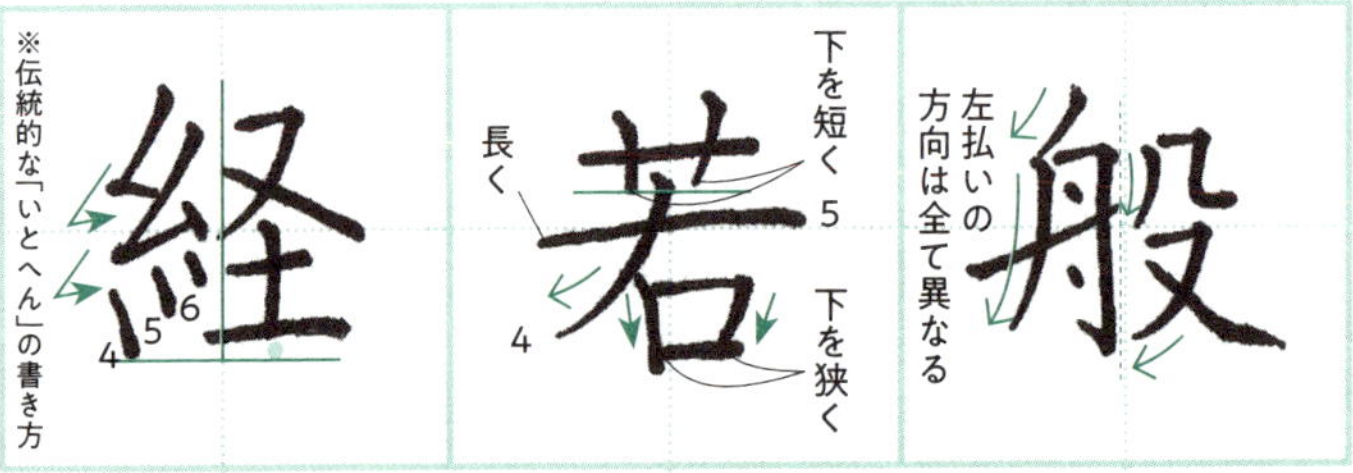

【記号の見方】
・＝とめる（または一旦とまる）　＝はねる　＝払う　＝折る　＝反る・丸く
＝方向に注意　空きに注意　○＝等しく空ける　◎＝広く空ける　―＝外形線　数字＝筆順

ボールペンや鉛筆で書いてみよう

般若心経

般若心経

筆や筆ペンで書いてみよう

般若心経

般若心経

『般若心経』まとめの練習

落ち着いて丁寧になぞり書きしましょう。
コピーして使えば、何度でも練習することができます。

仏説摩訶般若波羅蜜多心経
観自在菩薩行深般若波羅蜜多時照見五
蘊皆空度一切苦厄舎利子色不異空空不
異色色即是空空即是色受想行識亦復如
是舎利子是諸法空相不生不滅不垢不浄

不増不減是故空中無色無受想行識無眼
耳鼻舌身意無色声香味触法無眼界乃至
無意識界無無明亦無無明尽乃至無老死
亦無老死尽無苦集滅道無智亦無得以無
所得故菩提薩埵依般若波羅蜜多故心無
罣礙無罣礙故無有恐怖遠離一切顛倒夢
想究竟涅槃三世諸仏依般若波羅蜜多故

得阿耨多羅三藐三菩提故知般若波羅蜜
多是大神咒是大明咒是無上呪是無等等
呪能除一切苦真実不虚故説般若波羅蜜
多咒即説呪曰
掲諦掲諦 波羅掲諦 波羅僧掲諦 菩提娑婆訶
般若心経

右為

写経願主

年

月

日

松島龍戒（まつしま・りゅうかい）
1968年、神奈川県生まれ。高野山にて4年間修行、高野山大学大学院文学研究科修士課程修了。高野山真言宗・功徳院の住職として仏教伝道に尽力するとともに、一般社団法人現代仏教音楽研究会の代表理事、認定臨床宗教師として、お経や仏教声楽「声明」の普及研鑽に励んでいる。著書『癒しの声明CDブック』（WAVE出版）のほか、寺社巡り本の監修や仏教専門書への寄稿多数。オリジナル仏教音楽CD『聲奏一如』シリーズの企画、仏教音楽コンサートの開催、テレビ出演なども積極的に行う。『般若心経』をはじめとする、さまざまなジャンルのお経をYouTubeで公開中。
公式サイト http://www.tera.or.jp/

和田康子（わだ・やすこ）
1967年、高知県生まれ。大東文化大学文学部日本文学科卒業。幼い頃より書道に親しみ、祖父や川内悠渓氏の指導を受け、藤田金治氏に師事。現在、毛筆・ペン字の指導を中心に幅広く活躍中。大人から子供まで広い年齢層に向け、数多くのペン字テキストの執筆・監修を手掛け、初心者にもわかりやすい指導と、自学自習できる内容に定評がある。主な著書に、『美しく正しい字が書けるペン字練習帳』シリーズ（新星出版社）、『美しい字で脳を鍛える百人一首』『美しい字で心やすらぐ枕草子』（幻冬舎）、『心がやすらぐ般若心経なぞり書きノート』（永岡書店）、『くらしのつづけ字』『クセ字はなおる！基礎からのボールペン字』（NHK学園生涯学習講座）、『硬筆レッスン帳』（教育図書＊学校副教材）など多数。

STAFF
デザイン　TYPEFACE（AD：渡邊民人、D：谷関笑子）
イラスト　山寺わかな
編集・制作　ロム・インターナショナル
校正　聚珍社

CD収録時間　35分14秒

＊本書に付属のCDは、図書館およびそれに準ずる施設において、館外へ貸し出すことを許可します。

CD付き　書く、唱える、聴く　般若心経手習い帖

著　者　松島　龍戒
書　和田　康子
発行者　池田　士文
印刷所　大日本印刷株式会社
製本所　大日本印刷株式会社
発行所　株式会社池田書店
〒162-0851 東京都新宿区弁天町43番地
電話03-3267-6821（代）／振替00120-9-60072

落丁・乱丁はおとりかえいたします。

ISBN 978-4-262-15517-3

21013510

『般若心経』

仏説摩訶般若波羅蜜多心経
観自在菩薩行深般若波羅蜜多時照見五
蘊皆空度一切苦厄舎利子色不異空空不
異色色即是空空即是色受想行識亦復如
是舎利子是諸法空相不生不滅不垢不浄
不増不減是故空中無色無受想行識無眼
耳鼻舌身意無色声香味触法無眼界乃至

無意識界無無明亦無無明尽乃至無老死
亦無老死尽無苦集滅道無智亦無得以無
所得故菩提薩埵依般若波羅蜜多故心無
罣礙無罣礙故無有恐怖遠離一切顛倒夢
想究竟涅槃三世諸仏依般若波羅蜜多故
得阿耨多羅三藐三菩提故知般若波羅蜜
多是大神呪是大明呪是無上呪是無等等
呪能除一切苦真実不虚故説般若波羅蜜
多呪即説呪曰

掲諦掲諦　波羅掲諦　波羅僧掲諦　菩提娑婆訶

般若心経

右為

写経願主

年　月　日